天府之国

的韶光

巴适成都

彭彭 / 文

彭彭　燕十三 / 图

上海科技教育出版社

序 言

每一座城市，都是一座等待我们去挖掘的巨大宝库；每一次游历，都是一段探宝的历程！

这一站，我们将去探索令人"来了就不想离开"的藏宝地——成都。

在成都，你永远可以听到"哗啦哗啦"搓麻将的声音，永远可以闻到伴随着"噗噗噗噗"烫火锅声的香气，永远可以看到，热气飘飞，翠绿了茶杯。

城市就像人，每座城都拥有属于自己的独特气质。成都是座以"慢生活"闻名的城市，而"悠闲"正是融入这座城市血液里的一种气质。看到成都人结束一天的工作后打打麻将，喝喝茶，吃火锅，摆龙门阵，晚上还有夜啤酒，你便不难理解为什么成都的大街小巷都遍布着美食了。

不管是为了成都舒适的生活节奏、厚重的人文底蕴、周边美丽的自然风光，还是为了那些让人流口水的美食、那群让人瞬间被萌化的熊猫，又或者是把成都作为前往西部旅行的中转地，你总能找到一个不可抗拒的理由来这座城市探索。

藏宝积星卡
看看你能找到几个宝箱？

❶号宝藏：武侯祠 ☆☆☆   18

❷号宝藏：锦里古街 ☆☆☆☆   22

❸号宝藏：青羊宫 ☆☆☆☆☆   27

❹号宝藏：杜甫草堂 ☆☆☆   32

❺号宝藏：春熙路—太古里商圈 ☆☆☆☆   36

★宝箱景点：宽窄巷子 ☆   42

★宝箱景点：望江楼 ☆   43

★宝箱景点：文殊院 ☆   45

★宝箱景点：大熊猫繁育研究基地—成都动物园 ☆   49

★宝箱景点：昭觉寺 ☆   52

★宝箱景点：塔子山公园 ☆   53

郊野之趣

- ❻号宝藏：桃花故里—石经寺 ☆☆☆ 55
- ❼号宝藏：洛带古镇 ☆☆☆ 61
- ❽号宝藏：峨眉山—乐山大佛 ☆☆☆☆☆ 67
- ❾号宝藏：都江堰—青城山 ☆☆☆ 76
- ❿号宝藏：广汉三星堆 ☆☆☆ 83

- ★宝箱景点：金沙遗址 ☆ 89
- ★宝箱景点：黄龙溪古镇 ☆ 90
- ★宝箱景点：九寨沟 ☆ 91

锦城美食

- ⓫号宝藏：成都小吃 ☆☆☆☆☆ 93
- ⓬号宝藏：美味川菜 ☆☆☆☆☆ 100
- ⓭号宝藏：四川火锅家族 ☆☆☆☆ 105

- ★宝箱景点：合江亭和九眼桥 ☆ 112

目 录

探城寻宝，你准备好了吗

8 / 寻宝规则

9 / "藏宝地文化号"快车

12 / 宝藏地图

14 / 时光探测器

16 / 寻宝路线推荐

繁华市井

18 / 武侯祠

22 / 锦里古街

27 / 青羊宫

32 / 杜甫草堂

36 / 春熙路—太古里商圈

42 / 宽窄巷子

43 / 望江楼

45 / 文殊院

49 / 大熊猫繁育研究基地
　　—成都动物园

52 / 昭觉寺

53 / 塔子山公园

郊野之趣

55 / 桃花故里——石经寺

61 / 洛带古镇

67 / 峨眉山——乐山大佛

76 / 都江堰——青城山

83 / 广汉三星堆

89 / 金沙遗址

90 / 黄龙溪古镇

91 / 九寨沟

锦城美食

93 / 成都小吃

100 / 美味川菜

105 / 四川火锅家族

112 / 合江亭和九眼桥

探城寻宝，你准备好了吗

寻宝规则

让我们出发吧！每个景点都藏有1—5个宝箱，大家一起来寻找吧！

每寻找到一个**宝箱**，就在藏宝积星卡对应的景点名称后面涂上一颗小星星，累计涂满10颗小星星，就能获得"**探城过路人**"的称号！累计涂满30颗小星星，就能获得"**探城侦查员**"称号！累计涂满50颗小星星，就能获得"**探城小奇兵**"的称号！

"藏宝地文化号"快车

现在,让我们乘坐"藏宝地文化号"快车,穿越古今,快速地了解一下这次探城寻宝之旅的三大站吧!

第一站:繁华市井

古人云:"少不入川,老不出蜀。"

这是讲,古时人们觉得成都这天府之国实乃温柔之乡,如果一个人在年轻时入川,意志不坚定者难免流连忘返,乐不思归。

除了"巴适"的生活节奏,成都还有着厚重的历史文化,武侯祠的三国风云、文殊院的悠长佛性、青羊宫的道骨仙风、杜甫草堂的勃发诗兴……

美国《国家地理》杂志曾评选出"世界21个必去旅行地",成都是唯一上榜的中国城市。的确,成都的闲逸、风韵及柔情,都能令来过这里的人刻骨铭心。

第二站:郊野之趣

成都位于四川盆地西部,是国家历史文化名城,古蜀文明发祥地,中国十大古都之一。成都因地势平坦、沃野千里,有"天府之国""蜀中江南"的美称。

成都市里人文景观丰富,周边的自然风貌更是独具一格。静谧幽深的青城山、风景秀丽的峨眉山、乐安祥和的桃花故里、历史底蕴深厚的洛带古镇……走进这一站,探索美丽的风景、丰富的民俗,去领略真正的蜀地风光吧!

第三站：锦城美食

成都是著名的美食之城，联合国教科文组织授予它"世界美食之都"称号，不知道有多少人深深折服于它的美食。

火锅、串串、芋儿鸡、双流老妈兔头、三大炮、麻婆豆腐、夫妻肺片、龙抄手、棒棒鸡、担担面……

成都的美味多到可以让人连吃一个月天天不重样，那里简直是吃货的天堂！

时光探测器

成都是一座有上千年历史的古城，我们可以从它的多个别称中，了解其历史发展的轨迹。

成都：公元前4世纪，古蜀国王开明九世将都城迁往成都。成都的名字是借用西周建都的历史经过而取的，据《太平寰宇记》记载，"以周太王从梁山止岐山，一年成邑，二年成都。因名之成都。"这个名字沿用至今。

天府：公元前316年，秦国先后吞并蜀国、巴国。公元前256年，蜀郡太守李冰父子率岷江两岸人民兴建都江堰水利工程。由此，成都土地肥沃，物产丰富。秦末汉初，成都被称为"天府"。

锦城：西汉时期，成都织锦业驰名天下。当秦灭巴蜀后，在城西南设立了锦官，专管织锦，并筑有官营作坊"锦官城"，故成都又有"锦城"之称。秦汉时期的成都是商业发达的全国性大都市，西汉时其人口达到7.6万户，近40万人。成都在三国时期为蜀汉国都。

蓉城：唐宋时期，成都经济发达，文化繁荣，佛教盛行，成为与当时的长安、扬州、洛阳并称的全国四大城市之一。唐代成都文学家云集，大诗人李白、杜甫、王勃、卢照邻、薛涛、李商隐等诗人都曾旅居成都。由于商业发达，在宋朝时，成都出现了世界上最早的纸币"交子"，官府在成都设立了世界最早的掌管纸币流通事务的机关"交子务"。五代后蜀主孟昶曾下令在城墙上遍种芙蓉，故成都还有"蓉城"之称。

东方的巴黎：明太祖朱元璋封第十一子朱椿为蜀王，封地为成都。明末农民军领袖张献忠率军攻入成都，自立为帝，国号大西，称成都为西京。清军入川，四川汉人极力抵抗，战乱多年，人口大减。清康熙年间，朝廷实施"湖广填四川"大移民政策，成都逐渐恢复生气。19世纪法国旅行家古德尔孟盛赞成都为"东方的巴黎"。

1989年2月，经国务院批准，成都市的经济和社会发展计划在国家计划中实行单列，享有省一级经济管理权限，成为当时全国14个计划单列市之一。1994年，成都被列为副省级城市，并一直持续至今。

寻宝路线推荐

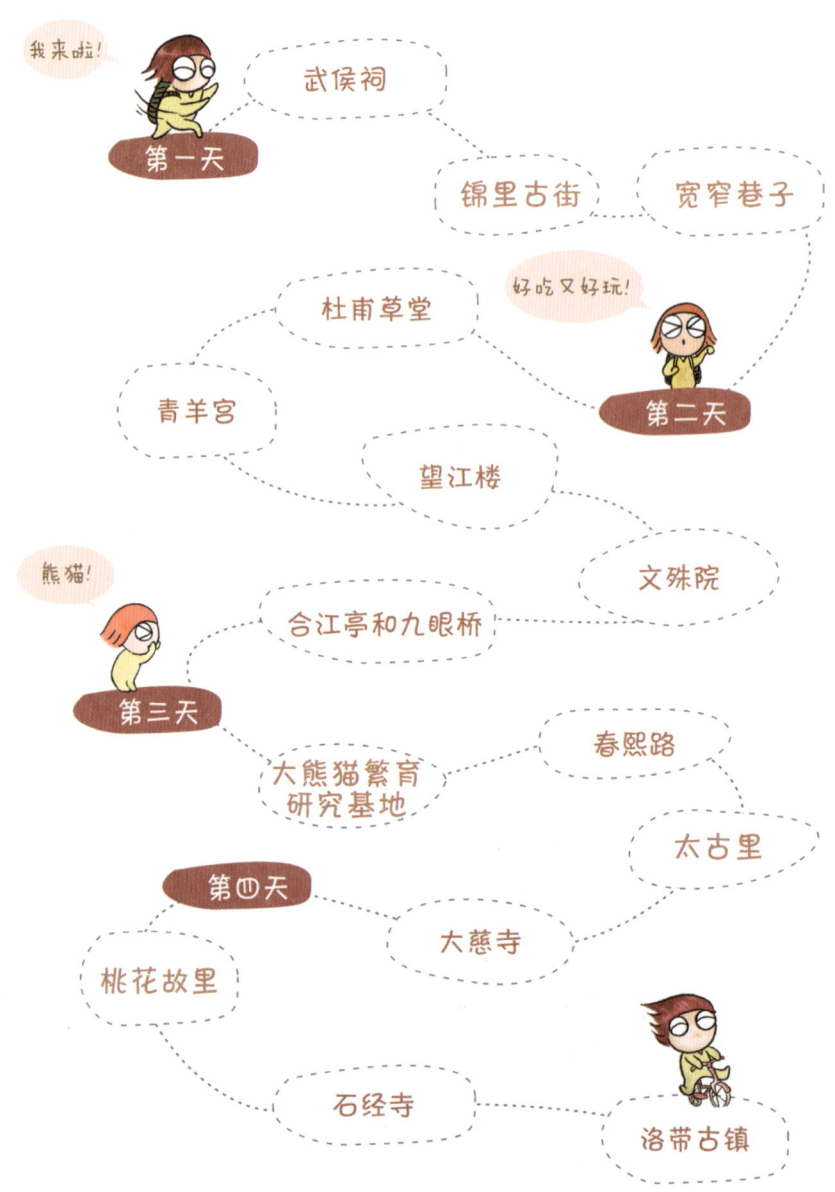

繁华市井

武侯祠

武侯祠原是纪念诸葛亮的专祠,初建时与刘备的祠庙"汉昭烈庙"相邻,在明朝初年并入汉昭烈庙。走到祠庙大门前,可以看到门上高悬着的"汉昭烈庙"金字匾额(宝箱一)。"汉",是刘备创建的王朝的国号,"昭烈",是他死后的谥号。如今,武侯祠是中国唯一君臣合祀的祠庙。

听说这里是纪念诸葛亮的地方,去拜拜吧,说不定能沾点聪明气呢!

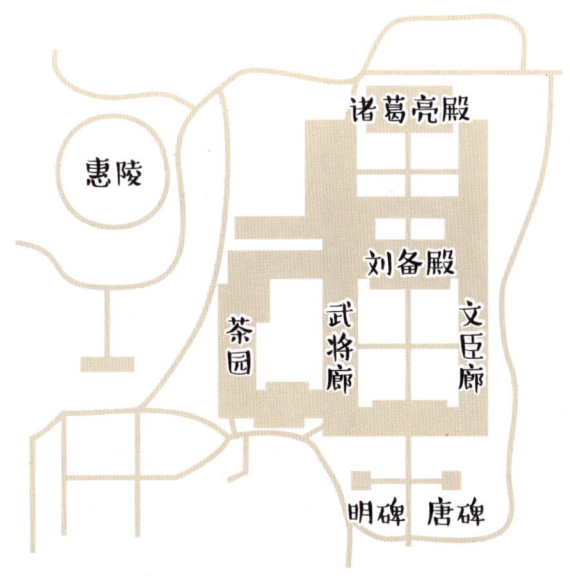

进入武侯祠的大门，会看见右侧碑亭内矗立着一通石碑，旁边的简介牌上写着"唐碑"（宝箱二）二字。这通"唐碑"全名《蜀丞相诸葛武侯祠堂碑》，赞颂了诸葛亮的才干和政绩，因诸葛亮的功绩、裴度的文章、柳公绰的书法，被称为"三绝碑"。它历经上千年的沧桑而完整留存，是武侯祠悠久历史难得的实物见证，也是武侯祠的镇馆之宝。

走过碑廊，进入二门，便来到三国文臣武将廊。右边文臣廊内有庞统、简雍、董允等人的塑像；左边武将廊里有赵云、马超、姜维、黄忠等三国名将的塑像。听过三国故事的人一定对这些人物有些了解。

穿过文臣武将廊，来到刘备殿，大门上挂着匾额"业绍高光"四字，意为刘备继承了汉高祖、汉光武帝的帝业。殿里正中是刘备的贴金塑像，两侧偏殿分别有关羽和张飞的塑像，《三国演义》里桃园结义的三兄弟在此永聚首。

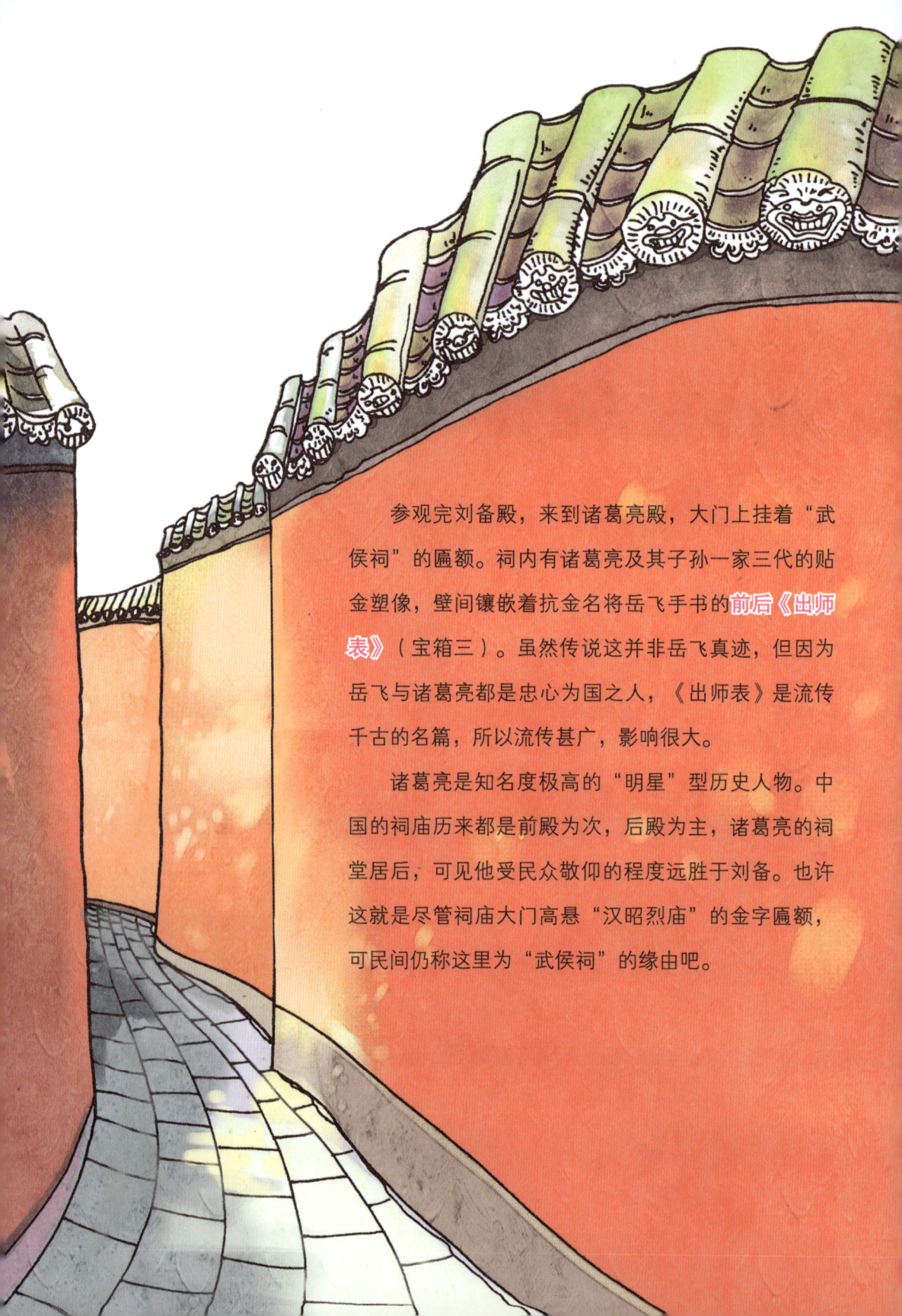

参观完刘备殿,来到诸葛亮殿,大门上挂着"武侯祠"的匾额。祠内有诸葛亮及其子孙一家三代的贴金塑像,壁间镶嵌着抗金名将岳飞手书的前后《出师表》(宝箱三)。虽然传说这并非岳飞真迹,但因为岳飞与诸葛亮都是忠心为国之人,《出师表》是流传千古的名篇,所以流传甚广,影响很大。

诸葛亮是知名度极高的"明星"型历史人物。中国的祠庙历来都是前殿为次,后殿为主,诸葛亮的祠堂居后,可见他受民众敬仰的程度远胜于刘备。也许这就是尽管祠庙大门高悬"汉昭烈庙"的金字匾额,可民间仍称这里为"武侯祠"的缘由吧。

诸葛亮与关羽崇拜现象

在民间，三国时期的诸葛亮和关羽都备受喜爱与推崇。这一现象散见于全国各地，起初源自民间自发的祭祀活动，到唐朝时，二人被官方列入武庙进行公祭。

许多文学作品中都有才智卓绝的诸葛亮形象和忠肝义胆的关羽形象。诸葛亮的"头号粉丝"唐代诗人杜甫曾创作了脍炙人口的缅怀诗作；后世的戏曲也不断丰富着诸葛亮的"智绝"形象。宋以后的几百年间，历代朝廷为抵御外敌，提升士气，不断加封以"忠义勇武"闻名的关羽，在多地建造关帝庙。在明代，关羽达到了"圣"的地位，文圣是孔子，武圣则是关羽，一文一武，堪为万世师表。

当然，诸葛亮与关羽二人在民间地位如此之高，朱元璋和罗贯中功不可没。朱元璋建立明朝之后，把"忠孝"二字定为立国之本。生于明朝的罗贯中自然避免不了从小被灌输这样的思想，因而在《三国演义》中将诸葛亮和关羽拔高到"文忠"和"武忠"的地位。

虽然二人的民间形象被逐渐神化，不过，诸葛亮在民众心目中仍然是以"智"为核心的圣人，而关羽则被神化，成为少数佛教道教皆供奉的神祇之一。现如今，各地关帝庙的数量规模远大于武侯祠，究其原因，只怕是对于帝王来说，忠心的大将比太过聪明的大臣更值得信赖和推崇吧！

锦里古街

锦里古街在武侯祠东侧,是成都人气最旺的美食民俗一条街,全长350米的青石板路蜿蜒前行,路两边是茶楼、客栈、酒吧、戏台、商店、宅邸、民居……整条街以清末民初时四川的建筑风格为主,百年木板门,千载石板路,让人觉得恍若时光倒流。

锦里古街是一条仿古商业街，自开街以来，对非物质文化遗产进行了有力的保护、传承和发扬。古街内有非物质文化遗产近30种，涵盖了民俗技艺、传统小吃等各个方面。走进锦里古街，能看到十多个"非物质文化遗产"（宝箱一）传承人的摊位。生动明快的皮影造型，趣味精巧的糖人形象，惟妙惟肖的剪纸作品……既好看又好玩。

吹糖人是一项很有意思的技艺，只见师傅一边吹气，一边手捏，各种可爱的"小动物"就出现了；糖画则是很多人的童年记忆，艺人以糖为墨，大理石板为纸，看似随意地挥洒勺中的糖水，顷刻间花鸟鱼虫、走兽飞禽或是戏剧

人物跃然石板上。通常顾客是通过转盘随机选择糖画图案的，对于很多小孩子来说，哪怕只能转到造型简单的小鸡、小蝴蝶，依然开心极了。

川酒、茶叶、竹编、蜀锦、刺绣、传统服饰……各种好看好吃的传统产品锦里都没落下，此外还有各式各样的小玩意儿，小虎头鞋、小熊猫书包、川剧脸谱、三国蜀汉卡通人物雕塑……都使游客情不自禁地想掏空钱包。

锦里古街上聚集了很多四川小吃，三大炮、牛肉焦饼、黄醪糟、糖油果子、甜水面、油茶、酸辣肥肠粉、荞麦面、钵钵鸡、烟熏腊肉、麻婆豆腐、双流老妈兔头……无论是你吃过的还是没吃过的成都美味，这里应有尽有。

三大炮（宝箱二）是一道制作过程非常有趣的小吃，主要由糯米制成，叫三大炮是因为每份（盘）有三坨。店主从热锅盆中抓出一大坨糍粑分为三小坨后，用力摔向案板中央，由于案板一边

放有钢碟，击打案板的振动会引发钢碟碰撞产生金属响声，"砰砰砰"三声后，三坨糍粑已飞到对面斜靠的竹簸上，再滚入下面装满芝麻粉、黄豆粉的竹簸中，另一人将三坨糍粑捡入盘中，此时糍粑已自然地裹上了一层粉末，再浇上浓汁，送于食客手中。

和三大炮一样，叶儿粑（宝箱三）也是一

三大炮

道糯米制成的四川名小吃。制作叶儿粑选料考究，工艺精细，工序超过六步，原料配方多达十余种。叶儿粑口味清香滋润，醇甜爽口，荷香味浓，因不沾盘、不沾筷、不沾牙，被称作三不沾叶儿粑。

叶儿粑携带方便，老少皆宜，保存时间长，加热几分钟就可以食用。每当过年的时候，乐山人家里都有做叶儿粑的习俗，人们将叶儿粑和冻糕作为走亲访友相互馈赠的礼物。

在锦里古街内走走，很容易找到古戏台的位置。古戏台上经常表演一些川剧，使游客在旅游的过程中能够了解四川的戏剧文化。除了古戏台，锦里还有一处可以喝茶看川剧（宝箱四）的饭店，门口招呼的小伙热情而有分寸。饭店是一座古色古香的二层楼建筑，第一层楼有一座小戏台，周围是茶座。

叶儿粑

锦里古街虽然只是一条仿古商业街，但是确实比很多真正的古镇都更有氛围，细节上和内容上做得更到位。这里的一切显得随性自然，尽展蜀地风流。

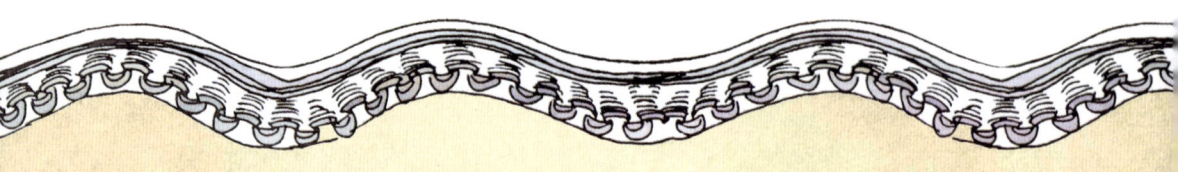

变脸

变脸是川剧艺术塑造人物的一种特技，是揭示剧中人物内心思想感情的一种浪漫主义手法，被称为"国宝、绝活、奇观"。变脸产生于20世纪30年代，最早见于传统折子戏《归正楼》，戏中一名叫贝容的侠客为了救人方便，变脸数张，从此这种新奇的表演方式就延续了下来。

变脸的方法大体分为3种：抹脸、吹脸、扯脸。

抹脸：将油彩涂在脸的某一特定部位上，到时用手往脸上一抹，就可变成另外一种脸色。如果要变整张脸，则油彩涂于额上或眉毛上；如果只变脸的下半部分，则油彩可涂在脸或鼻子上。

吹脸：在舞台的地面上摆一个很小的盒子，内装粉末，演员到时做一个伏地的舞蹈动作，趁机将脸贴近盒子一吹，粉末扑在脸上，立即变成另一种颜色的脸。

扯脸：比较复杂的一种变脸方法。事前将脸谱画在一张张绸子上，剪好，每张脸谱上都系一根丝线；再一张一张地贴在脸上，丝线则系在衣服的某一个顺手而又不引人注意的地方；随着表演的需要，在舞蹈动作的掩护下，一张一张地扯下来，起到不停地变脸的效果。

青羊宫

成都是道教的发祥地，有独特的道教文化和旅游资源。道教是中国的本土宗教，已有1800多年历史，大的道观一般建在山上，像青羊宫这种建在市中心的大道观，极其少见。

进得青羊宫山门后，穿过灵祖殿来到混元殿（宝箱一），正中供奉着混元祖师，这是太上老君的又一称谓。后殿供奉的是慈航真人，道教中的慈航真人类似于佛教中的观音菩萨，现在民间一般将两者视为同一人。在中国历史上，道教与佛教经常处于水火不相容的紧张状态，双方争斗激烈，但有时却会供奉类似的神祇。

接着便来到三清殿（宝箱二）。三清是道教中最重要的三位神仙，即玉清元始天尊、上清灵宝天尊、太清道德天尊（即太上老君）。按说道教思想乃太上老君所创，但处于中央位置的却是元始天尊。元始天尊和太上老君师出同门，太上老君是师兄。大殿两厢是道教的十二位金仙，他们的名号看过《封神榜》的人可能会有印象，广成子、赤精子、太乙真人、玉鼎真人等，在传说中他们帮了姜子牙很多忙，而且都是元始天尊的弟子。

另外，三清殿前那两只铜铸的青羊是很特别的存在。左侧的那只独角铜羊（宝箱三），同时拥有十二属相的特征，即羊胡、牛身、鸡眼、鼠耳、龙角、猴头、兔背、蛇尾、猪臀、狗肚、虎爪和马嘴，据说为青帝身旁的童子所化，若是摸一摸它，可去除自己身上相对部位的病痛，引得很多人去摸，将青羊摸得溜光发亮。

三清殿前，有一幅太极八卦图和十二生肖石刻（宝箱四），看起来有些年月了。这幅图乍一眼看上去并不引人注目，不过如果你学会看生肖的"四合六冲"，会觉得很有意思。

这十二生肖正上方从左到右依次是：鼠—牛—虎—兔—龙—蛇—马—羊—猴—鸡—狗—猪。所谓"四合六冲"就是说：你的农历属相是十二生肖中的一种，跳过它，向前、向后分别数4下，得到的这两个属相同你的属相相"合"，就是合适之意；用线连接这三个属相，即构成等边三角形，也寓意着这三个属相是相辅相成的关系；再重新跳过自己的属相，向前、向后分别数6下，都对应到同一个属相上，那个属相和你的属相犯"冲"，就是不合之意。

青羊宫里的唐王殿（宝箱五），供奉着李渊、李世民父子的塑像。唐代对于道教颇为尊崇，李渊自称老子后裔，很多开国皇帝都喜欢和神仙拉关系，从而强化百姓心中"君权神授"的印象，让自己的统治更具有合理性。

青羊宫的八卦亭是道家精巧建筑的代表之作。八卦亭整体建筑分三层，下层为正方形，中间为八角形，上层为圆形，象征"天圆地方、阴阳相生、八卦相合成万物"的道教哲理。有兴趣的人可以去数一数，八卦亭共有81条龙，含九九归一之意。

青羊宫之所以闻名，不仅因为里面有一尊集十二生肖特征于一体的铜羊，也因为后院有一座

成都最市井的茶社。青羊宫的茶客中老年人居多，他们聚在一起打打麻将，聊聊家长里短，唱唱川剧，看看报，给这座古老的道观带来俗世的生机。

寻宝技能加血——盖碗茶

"三花茶泡起,龙门阵摆起!"

"坐茶馆"是成都人的一种特别嗜好。在成都,闹市有茶楼,陋巷有茶摊,公园有茶座,大学有茶园,处处有茶馆。尤其是老街旧巷,走不到三五步,便会撞见一间茶馆,而且几乎都座无虚席,茶客满棚,生意好得让人难以置信。

成都茶馆除了休闲功能之外,还是重要的社交场所,三教九流都在此交友聚会。"茶友"们坐在一起摆摆"龙门阵",听听社会新闻,茶馆成了社会生活的一面镜子。对于成都人来说,无论喝绿茶还是花茶,用盖碗泡茶才最正宗。茶盖谓天,茶船谓地,茶杯喻人,茶水冲上,盖子一盖,象征天地人和。

盖碗茶的历史非常悠久,最早可以追溯到唐代。据记载,唐德宗年间,川西节度使崔宁的女儿是位大家闺秀,她发现用手直接端着茶杯喝茶太烫,将茶杯放在木盘上喝,茶杯又容易倒。于是,她在木盘上刻上凹槽,杯子刚好卡在上面,这样茶杯既不烫手又不易倒,成为盖碗茶的前身。

杜甫草堂

"……床头屋漏无干处,雨脚如麻未断绝。自经丧乱少睡眠,长夜沾湿何由彻!安得广厦千万间,大庇天下寒士俱欢颜,风雨不动安如山。呜呼!何时眼前突兀见此屋,吾庐独破受冻死亦足!"

还记得这首《茅屋为秋风所破歌》吗?它是语文课本的必选诗,大家在一次次的诵读中,深切体会到杜甫的真正伟大之处——身处陋室依然忧国忧民。

所以,既然来到成都,一定要去探一探杜甫草堂。杜甫草堂是杜甫流寓成都时的居所。从公元759年至公元765年,杜甫陆续在此居住三年零九个月。他创作的诗歌有240余首流传至今,特别是那首《蜀相》,成为中国历史上的千古绝唱。

人们可能以为杜甫草堂是在一个冷僻、幽静的地方,其实到达后,发现它竟在城中间,门前车水马龙,热闹非凡。而那个想象中破陋不堪的茅草屋,如今是一座规模恢宏的纪念馆了,高高的门楣上高悬着"杜甫草堂"四个大字。五代前蜀时,诗人韦庄寻得草堂遗址,重结茅屋。至宋代人们又重建杜甫草堂,并绘杜甫像于壁间。此后草堂屡兴屡废,至明清时期基本奠定了今日的规模和布局。

进门之后,走过园林和碑亭,一座新建如旧的茅屋呈现在眼前。正门进去是客厅,左边是卧室和书房,右边是厨房,简陋的家具显示了当时的生产和生活水平。

少陵碑亭(宝箱一)是杜甫草堂最具代表性的建筑之一。它是一座以茅草作顶的亭子,亭内树有一石碑,镌刻着"少陵草堂"四个大字,笔力浑厚。人们常常将少陵碑亭作为茅屋的象征。 庭院内种有竹、松、杉和各种花卉,有一圈竹篱将茅屋和庭院围住,这大概就是当年草堂的规模吧。当初杜甫来到浣花溪畔初建草堂的时候,曾作诗记载"诛茅初一亩,广地方连延"。也就是说,草堂起初占地一亩左右,后来逐渐有所扩建。

工部祠（宝箱二）是五重主体建筑的最后一重，也是最重要的一重。因为杜甫在成都时，曾被严武表荐为检校工部员外郎，所以后人尊称他为杜工部，将纪念他的祠宇称为工部祠。

　　工部祠正中为杜甫像，东西两侧分别是南宋诗人陆游和北宋诗人黄庭坚陪祀。殿内还存有两尊**杜甫石刻像**（宝箱三）和两幅草堂石刻全景图，后者清楚地勾勒出当时的草堂风貌。

杜甫是我最喜欢的古代诗人！

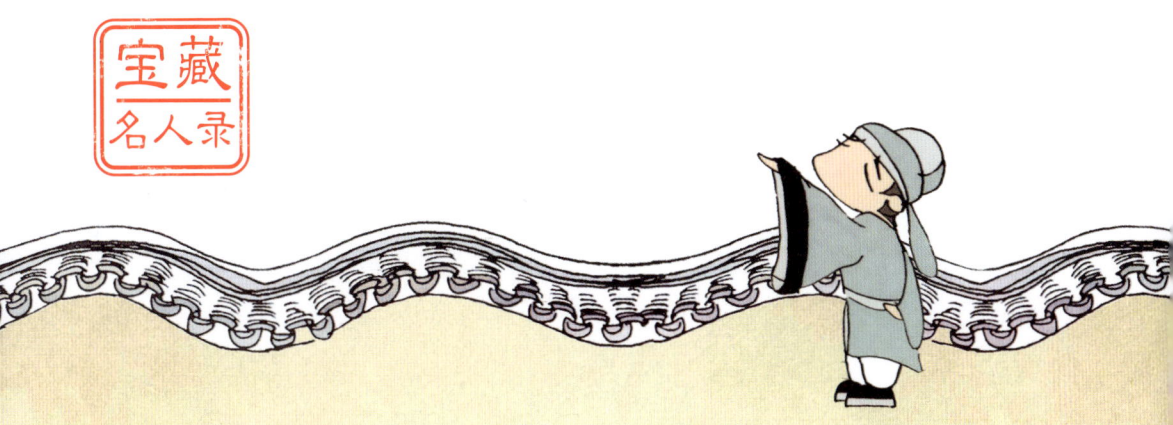

公元759年的杜甫

著名的杜甫草堂在成都,但杜甫并不是成都人,他出生于河南,到成都是为躲避安史之乱。公元759年,安史之乱爆发后的第5个年头,年近五旬的杜甫开始了他最为颠沛流离的一年。"奈何迫物累,一岁四行役"(《发同谷县》)就是在这一年写的,"三吏""三别"也创作于这一年。

如果有哪位导演将杜甫这一年的生活拍成电影,那绝对是一部惊险的剧情片。他先是跟着难民一起奔逃,倒霉地被叛军抓住,要被押往长安。他逃了出来,投奔肃宗皇帝,当了个小官,不久因得罪肃宗被贬。后来他当了"战地记者",写下伟大的"三吏""三别",最后遭遇饥荒,实在撑不下去弃官来到成都,投奔在当地做官的好友。

初建草堂时,杜甫的生活是十分穷困的。在《狂夫》一诗中,他写道:"厚禄故人书断绝,恒饥稚子色凄凉。"不过在朋友的帮助下,杜甫的生活逐渐稳定下来,状况有所好转。"老妻画纸为棋局,稚子敲针作钓钩"(《江村》),"细雨鱼儿出,微风燕子斜"(《水槛遣心二首》),悠闲的气氛开始出现在他的笔下。

杜甫这几年的生活高潮迭起,险象环生,最后归于平静,算是有了一个还不错的结局。

春熙路—太古里商圈

几乎每个城市都有一条热闹非凡、位于市中心的商业步行街，比如北京的王府井大街、上海的南京路、哈尔滨的中央大街、广州的北京路、武汉的江汉路等。春熙路就是位于成都市中心的这样一条步行街。

春熙路（宝箱一）位于成都市锦江区，得名于《道德经》中"众人熙熙，如享太牢，如登春台"，取其熙来攘往、盛世升平之意。

成都自古出美女。在春熙路找一个临街的小店，点一份小吃，嘴里是美味，眼里是美女，也许是一种不错的选择呢！

太古里（宝箱二）在春熙路地铁站旁边，也是商业步行街，定位相对高端一些，汇集了世界顶级的产品。太古里的建筑独具一格，既保留传统风情又具有现代特色，川西风格的青瓦坡屋顶与格栅配以大面积落地玻璃幕墙，给人自由又舒服的体验，一些店铺从产品陈列到广告设计都很精致又极具创意。

现代和古典融合得真好！

"方所"（宝箱三）是一家面积达4000平方米的庞大书店，也是涵盖图书、服饰、美学商品、咖啡、植物与展览空间的一体式全新文化空间。它藏身太古里地下层，像是一个独立于世的魔幻空间：8米的挑高，37根造型迥异的立柱，铺满行星轨迹的地面，似乎是魔法世界的宇宙星辰，带来一种全新的生活方式与理念。

穿过太古里，就到大慈寺（宝箱四）了。大慈寺是一座历史悠久、规模宏大、文化积淀深厚的中国名刹，被誉为"震旦第一丛林"，距今已有1600多年的历史。唐武宗灭佛时，全国庙宇大都被毁，大慈寺因有唐玄宗亲笔赐额，且寺中还有玄宗御容写真殿，故逃脱一劫，得以保留下来，是当时成都仅存的大型佛寺。

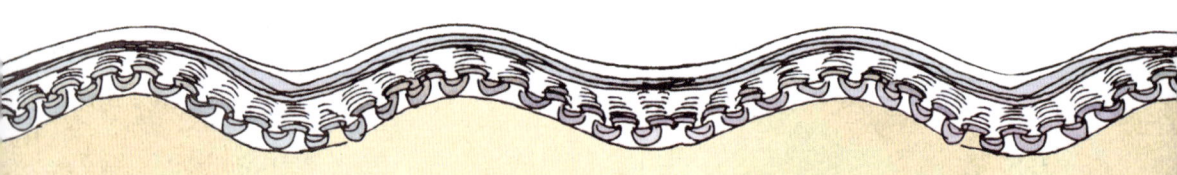

新罗王子在成都建立的寺庙

大慈寺,又称"太子寺",它的正式名称为"古大圣慈寺",这是唐玄宗亲取之名。当时,著名禅师无相正在成都,玄宗对他极为礼敬,曾派人迎他入行宫供养。无相原是新罗国王子,自愿出家为僧,在蜀地遇高僧而取号曰"无相"。无相募劝成都广大佛教信众,捐钱捐物,修建大慈寺、净众寺等庙宇。至今,成都民间称大慈寺为"太子寺",就是这个缘故。

大慈寺极盛时,曾拥有96院,楼、阁、殿、塔、厅、堂、廊、房8000多间。建筑分外壮丽,规模十分宏大。僧众常有数千,乃至万僧斋会。而唐代其他著名寺院,都远不及此。即便是当时京城长安玄奘曾译经的大慈恩寺,也不过"凡10余院,总1897间,敕度僧300人"而已。

大慈寺不仅以规模宏大闻名,更以名僧辈出、传法久远著称,早在唐宋时期已经成为全国著名的传授佛教经论的讲寺。大名鼎鼎的三藏法师玄奘(唐僧)曾从长安到成都学习佛教经论,在成都的四五年间,玄奘常在大慈寺讲经。

看完这些介绍再去大慈寺,是不是觉得它神奇了起来?

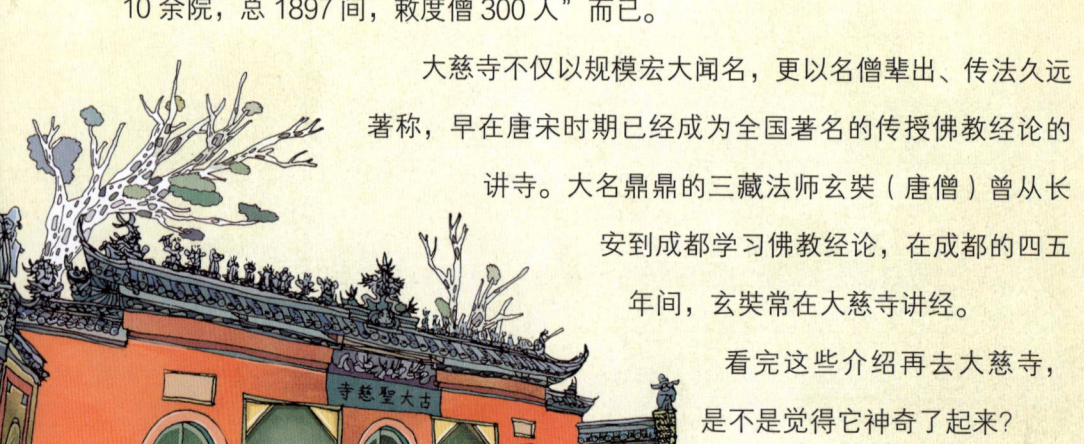

宽窄巷子

宽窄巷子由宽巷子、窄巷子、井巷子平行排列组成，全为青黛砖瓦的仿古四合院落。宽窄巷子给人的第一印象，就像是非常时髦的老人家，受过传统文化的熏陶，有很好的文化修养，为人又不古板，思想活跃，喜欢和年轻人交流，穿的也是融合古典与现代的新中式服装。

宽窄巷子的开发设计团队非常用心，巷子里那些摇头晃脑憨态可掬的石狮子、黑色的扇形花格窗户、状如猪鼻的拴马石、砖瓦中古老的斑斑烙印、威武的门神……这些古老元素稍用现代设计点缀，一下子就变得时尚了。宽窄巷子的文化墙也很有意思。文化墙位于井巷子口，与南部的居民区相邻，是本土雕塑家朱成的作品，最大的看点是平面的黑白老照片与立体的浮雕艺术的巧妙融合。

恺庐（宝箱一）拥有宽窄巷子中最富标志性的门头之一，特制的青砖砌成带有弧形凸起的拱形宅门，门洞上方嵌入中式传统石匾，匾上采用大篆阳刻"恺庐"，二字写法革新，一反当时中国人从右向左读字的规矩。石匾上方砌出的椭圆形图案，代表高悬"避邪镜"，意在镇退各路妖魔，永保合家平安。

走在其他老街上，你或许常常产生一种自己穿越到古代的错觉；漫步在宽窄巷子，你会觉得自己依旧在现代，而这整片地方却像是从古代穿越而来的。它保留着传统风格，又学习了新时代语言，这样才有可能顺畅地同你说说话，聊聊埋藏在记忆中的故事。

望江楼

　　望江楼是纪念唐代女诗人薛涛的古迹，位于成都锦江岸边，它并不是一座楼，而是指依江而建的一群楼。在这一群楼中，崇丽阁（宝箱一）最具代表性，全木结构，分为四层。站在崇丽阁上，远眺锦江风光，视野非常开阔。

　　望江楼公园内竹子繁多，品种多达160余种。当你在竹海中闭目养神，一边聆听鸟儿叽叽喳喳的叫声、竹叶摇曳的沙沙声、锦江滔滔的流水声，一边品尝成都悠香的盖碗茶，这美妙的感觉实在是无以言表！

　　说到望江楼的竹子，不得不提到薛涛。《全唐诗》收录的48 900多首诗歌中，她的作品占了80多首，为唐代女诗人之冠，才气是毋庸置疑的。薛涛非常爱竹，写了许多关于竹的诗句，如"虚心能自持""苍苍劲节奇"。她既是写竹，又是写自己，望江楼的竹也是因为她才如此之多的。

锦江春望词

薛涛

其一

花开不同赏,花落不同悲。

欲问相思处,花开花落时。

其二

揽草结同心,将以遗知音。

春愁正断绝,春鸟复哀吟。

其三

风花日将老,佳期犹渺渺。

不结同心人,空结同心草。

其四

那堪花满枝,翻作两相思。

玉箸垂朝镜,春风知不知。

文殊院

一条熙来攘往的小巷,一道隔离凡世的红墙,一座青砖黑梁的古老建筑,一溜直插云天的银杏,一扇红漆大门,香火袅袅,这里就是文殊院了。

文殊院位于成都市青羊区,是川西著名的佛教寺院。它的前身是隋朝的信相寺,五代时改名妙圆塔院,宋代仍称信相寺。清朝时,慈笃禅师来到荒芜的古寺,在两杉之间结茅为庐,苦行修持。传说慈笃禅师圆寂火化时,红色火光在空中凝结成文殊菩萨像,久久不散。人们认为慈笃是文殊菩萨的化身,从此改称信相寺为文殊院。

文殊院里有一尊很精致的 青铜韦驮像(宝箱一),威武而立,相貌端庄,雕琢剔透,工艺精湛,是难得的艺术珍品。

韦驮是佛的护法神,为南方增长天王属下八大神将之一,据说,在释迦佛入涅时,邪魔把佛的遗骨抢走,韦驮及时追赶奋力夺回,因此佛教把他当作驱除邪魔的天神。从宋代开始,中国寺庙供奉韦驮,称为韦驮菩萨,常站在弥勒佛像背后,面向大雄宝殿,护持佛法,护助出家人。

古时寺庙里韦驮像所持韦驮杵的方向也是大有讲究的:如果韦驮杵扛在肩上,表示这是个大寺庙,可以招待云游到此的和尚免费吃住三天;如果韦驮杵平端在手中,表示这是个中等规模寺庙,可以招待云游到此的和尚免费吃住一天;如果韦驮杵杵在地上,表示这是个小寺庙,不能招待云游到此的和尚免费吃住。

从大殿的侧门进去,一片郁郁葱葱的林子映入眼帘,古树参天,地上铺着青石板,林中建有一古亭,身处此景,躁动的心一下子宁静下来。

佛教强调心怀慈悲,清心寡欲,淡泊名利。这些不仅是理论上的阐述,而且物化为一种环境的熏陶。路边散落着一些石莲,其上放置了许多碎米粒,以供林内鸟儿食用。细节之处,可见一座寺庙的虔诚。

一座虔诚的寺庙,才会让人虔诚。

大熊猫繁育研究基地—成都动物园

成都平原河网交错,气候温润,物产丰富,这不,连咱们的国宝熊猫都相中了成都这块宝地。大熊猫以吃竹子为生,这里有方竹、拐棍竹、箭竹等大熊猫喜欢的各类竹子。全国80%的大熊猫都集中在四川,适宜的气候和自然环境是大熊猫世世代代留恋这片土地的重要原因。对大熊猫而言,成都也算得上是"一座来了就不想离开的城市"。

成都的大熊猫繁育研究基地(以下简称大熊猫基地)是看熊猫的好地方。每天景区大门还没开,就有很多人在门口等候。里面的"大明星们"不是你想见就能见的,如果它们睡午觉,不管你怎么期盼,它们都不会露脸让你见上一面。

成年大熊猫都不太爱动,唯一的常规运动是嘴部肌肉运动,它们常常躺坐着专心致志地吃竹子,偶尔换个姿势,都能引来游客的欢呼声。大熊猫通常一天能吃掉几十斤竹子,因为竹子的营养含量不太高,所以要吃这么多,而且还得尽量躺着,少耗费体力。

年幼的大熊猫比那些懒洋洋的父母们活泼多了，它们通常跟保育员们玩得欢快。大熊猫基地最独特的地方在于你能去参观熊猫产房（宝箱一），只是不能拍照，而且排队的"粉丝们"超级多，那可是来自世界各地的粉丝啊！

如果你想去看大熊猫，既想省钱又不想跑太远，那就去成都动物园吧！成都动物园与名寺昭觉寺隔墙相望，距城区仅4千米。动物园将狮、虎、豹等动物馆舍参观处的双层铁栅栏改建为落地大玻璃窗，使游客能更加清晰地观察动物，拉近了人与动物的距离。

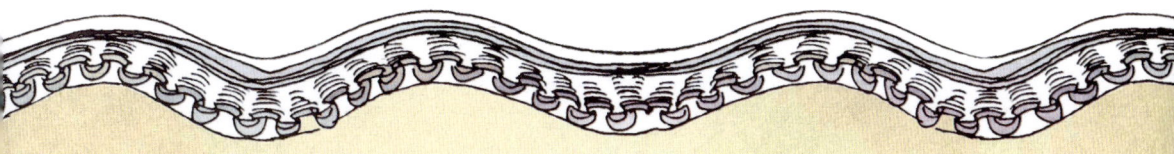

不为人知的大熊猫趣味知识

问:大熊猫在动物园只吃竹子吗?

答:不是。它们还会吃一些肉类、谷物、蛋类、蔬菜和水果。

问:听说大熊猫妈妈生下小熊猫后会遗弃幼崽,是真的吗?

答:一般情况下,生双胞胎的母熊猫只抚育其中一只幼崽(一般是第一只),而放弃另一只。但是,在饲养条件下,如果的确有母熊猫不照顾幼崽,那么就需要人工育幼了。另外,在大熊猫幼崽长到一定年龄后,母熊猫会暂时离开幼崽外出觅食,但吃饱后会重新回到自己幼崽的身边,并没有"遗弃"它们。

问:大熊猫真的像看起来那么笨吗?

答:大熊猫至少和熊一样聪明。它们只不过略微显得笨拙。在野外,大熊猫的行动十分迅速,它们走山路、钻竹林的速度远超人类。

问:成年的大熊猫有多重?

答:成年大熊猫大约有 80 千克到 150 千克重。

问:大熊猫的寿命有多长?

答:在饲养条件下,大熊猫最长的寿命超过了 30 岁。

问:大熊猫会不会爬树、游泳?

答:大熊猫幼崽从半岁左右就开始爬树。大熊猫会游泳。

问:大熊猫有尾巴吗?

答:成年大熊猫的尾巴长约 20 厘米,紧贴臀部,一般为白色。

昭觉寺

　　昭觉寺位于成都北郊,唐宣宗赐名为"昭觉寺"。昭觉寺在唐宋时规模最大,当时占地 300 多亩。清军入川后,昭觉寺被战火焚毁,直至清康熙年间才得以重建,但规模已远不如唐宋时期。

　　寺中藏有国画大师张大千画的佛像画,画上的佛像端庄慈祥,神态自若。寺僧请名工依画刻石,并将这尊**佛像石刻**(宝箱一)安置在说法堂后面的玉佛殿内。

塔子山公园

　　塔子山公园位于成都市中心偏东,面积410亩,林木葱郁,环境幽静。公园内辟有数个花园,内有80余种4万余株林木和近百个品种6万余株翠竹,还有一片汇集了世界各地近万只鸟的鸟语林。最值得一提的是,里面有巴蜀古迹微缩苑,以及成都市的标志性景观——九天楼(宝箱一)。

桃花故里—石经寺

晒着太阳，品着川茶，开桌麻将，
不用喂马劈柴、无须面朝大海，
你就能明白什么是真正的慢生活。

读过《桃花源记》的人心中大概都会有一个桃源情结,千年来,关于世外桃源的想象从未停止过。在桃花盛开的季节,来到龙泉驿桃花故里,正好满足人们的这个愿望。

桃花故里(宝箱一)是成都人平时爱去的一处休闲地,也是远近闻名的花果山、中国的水蜜桃之乡。三月中下旬或者四月初(每年花期会有变化)时来这里,可以看到漫山遍野的桃花胜似红霞,宛如白雪的梨花在桃花丛中穿插着,再加上其他色彩缤纷的花朵点缀,整个画面既富有变化又配色协调,美丽极了!

但最让人动心的并不是那如画的美景,而是那些穿梭在花丛中的成都人。

龙泉驿四处遍布农家乐,走几步就能遇到一家,每家的生意都非常红火。成都人赏花后,会到农家乐小憩,沏一壶绿茶,买一些豆腐脑之类的小吃,还有一些你未曾见过的山果,在桃树下一边闲聊一边打麻将,让你深刻地体会到何为成都的生活方式,明白为什么这里是让人来了就不想离开的地方。因为

这片土地，不单单让你生存下去，还教会你怎么生活。

打麻将，是成都人喜爱的一种娱乐消遣方式，素有"上至九十九，下至刚会走"之说。在成都，只要看到有人扎堆，大概率是在打麻将。小巷子里、自家客厅里、路边茶馆、小区楼下、地铁站里，线上线下，只要找见发挥的空间，成都人便能打到天荒地老。

石经寺（宝箱二）离桃花故里不远，是川西五大佛教林之一，始建于东汉末年。虽说位置有点偏，但是石经寺香火特别旺，能看到很多远道而来的烧香的信徒。

石经寺曾为蜀中大将赵云的家庙，后人捐庙为寺。明代著名高僧楚山绍琦禅师被英宗尊为国师，主持灵音寺（石经寺旧称）。传说他圆寂以后肉身不坏，弟子将其全身漆金后供奉于丹崖祖师殿内，是四川省佛教寺庙中罕见的几尊肉身菩萨之一。

寺内有座观音殿，千手观音像（宝箱三）是由千年乌木所制成的，无论是体积还是造型质感，都让人非常震撼。

除了肉身菩萨和乌木千手观音,石经寺还有几株**千年古树**(宝箱四)。大雄宝殿前有一株千年罗汉松,是后周年间种植的;相邻的两株古银杏,是唐贞观年间种植的。这三株树至今还枝繁叶茂!

现在人们所见到的观音菩萨,大多是女相的,所以我们很多人都认为观音菩萨是女的,但在唐朝以前,观音菩萨的塑像或画像大都呈现男人的样貌。其实观音菩萨本身没有性别,因其大慈大悲、救苦救难的精神更符合女性的慈爱特征,故而逐渐塑造成了女性形象。

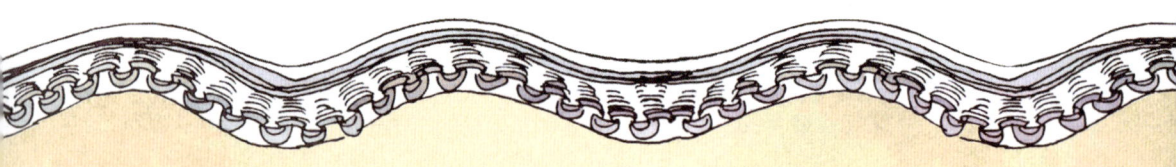

张弛有道的成都人

民间常说:"在北京,时间就是机遇;在上海,时间就是时尚;在广州,时间就是金钱;而在成都,时间就是生活。开点小奥拓,游点农家乐,吃点老腊肉,晒点懒太阳,炒点渣渣股,吃点麻辣烫,喝点盖碗茶,打点小麻将,捧点川戏场,三步一饭店,五步一茶楼。飞机上听到麻将声,哦,成都就在下面了。"

但这难免让人心生疑惑,成都人这样喝茶晒太阳吃火锅摆龙门阵,到底是哪群人让成都经济如此迅速地发展,成为内陆最具竞争力的城市之一?

后来,一位成都朋友告诉我:成都人就好比是浮在水面的一只鹅,看似悠游自在,其实水面下的两只脚一直在努力不停地划动。表面上看成都人晒着太阳东张西望,实际是在捕捉信息辨别方向,判断下一步该如何行动。成都人能够过上闲适的生活,是因为擅长控制节奏,懂得张弛之道。

成都人长期受道文化的熏陶,道家强调"无为",但是"无为"不是无所作为,而是一种至真自然、行云流水般的生活状态:不做无趣无用之事,不强求、顺道而为;认真工作、认真生活、认真吃喝玩乐,纵情享受生活本味。这一种"人间天堂烟火味",就是成都真正的味道。

除了文化的影响,得天独厚的自然环境和都江堰的水利工程,为成都人提供了一片富饶美丽的沃土,也间接形成成都人特有的生活情趣与乐天派性格。和风拂面的气候,青山绿水的环境,谁不愿意多出去走走!

洛带古镇

洛带古镇建于三国蜀汉时期。洛带是"落带"的谐音,传说因刘禅(刘备之子)的玉带落入镇上的八角井中而得名。

一进洛带古镇,就发现一个很奇怪的现象,这里虽是一个开发完善的古镇,不宽的街道两边有售卖各式商品的小店,但街上很安静,没有商贩的高声吆喝,店铺老板们既不拉客也不放歌或者放喇叭宣传,这大概就是客家人性格内敛特征的外化表现吧!镇上客家人约占全镇人数的90%,多达2万余人。古镇保存着较完整的客家文化,有"中国西部客家第一镇"之称。

景区门口新建了一座巨大的圆形土楼(宝箱一),里面有一些传统手工艺品,如年画、竹编等。土楼形象地体现了客家人的警觉性,这样的性格也体现在洛带古镇的建设上。洛带古镇由一街七巷组成,只要主街山门和七条巷子栅子门一关,就构成了一个完整而封闭的防御体系。

　　土楼的上层是客家博物馆（宝箱二），进古镇之前可以先进来逛逛，领略一下客家文化，后面参观时才更容易"看得懂"。客家人的祖先原本生活在黄河流域，后因战乱向南迁徙，来到粤、闽、赣边区，由此形成汉族中稳定而富有特色的一支民系。为区别于当地的土著居民，他们被称为"客家人"，后成为当地汉人的自称。客家话是客家人区分于汉族其他民系的最基本特征是汉语八大方言之一。全世界约有客家人1.2亿。

　　洛带古镇最有特色的建筑是代表洛带客家人祖源地的四大会馆：广东会馆、江西会馆、湖广会馆和川北会馆。一进古镇，先来到最大的广东会馆（宝箱三）。

　　广东会馆占地面积3000多平方米，由山门、前中后三庭和左右厢房构成，是国内保存最完好、规模最宏大的会馆之一。说到客家人和四川的关系，不得不先交代一下背景啦！明末清初之际的战乱使四川人口骤减。崇祯十七年张献忠西进四川，建立大西政权，年号大顺。后因四川各地明朝势力反抗强烈，张献忠决定以杀戮的方式报复，成都惨遭屠城，被屠戮者不计其数。此外，清军也有乱杀的事实。清军平定四川2年后，1648年四川复反，清军又出兵围剿。再加上同时爆发的大旱、大饥、大疫，四川人口大减，统治者推行"湖广填四川"政策来解决四川人口的缺口。

在这些迁入的人员中，主要群体之一就是客家人。广东会馆有一幅浮雕，形象地反映了"湖广填四川"和客家先民开发洛带的历史：客家人被迫离开东南沿海，为防他们逃跑，清朝官兵用绳子把青壮年连成一串串，押解"移民"，他们的亲友则挑担追随，供其日常用度。到达目的地后，客家人靠着勤劳纯朴，在旷无人烟、人生地不熟的土地上垦荒务农，世代创业，逐渐扎下根基，洛带古镇至今保留着客家人的乡音、乡貌、乡情和乡风。

湖广会馆由湖广籍移民于清朝乾隆年间捐资修建，因供奉大禹，又称"禹王宫"。馆内天井虽无下水道，但无论下多大的雨，即使街上已洪水漫涨，该处的水都不会漫溢，为该馆的一大奇迹，民间相传，这是大禹保佑的缘故。湖广会馆坐北朝南，由牌坊、耳楼、戏台、中后殿、前院空坝及两边厢房和两边庑廊组成的四合天井、东西套院及后院组成，全贴金装饰。馆内现有多尊大小不等、仪态各异的观音塑像，无不惟妙惟肖，其中尤以大殿一尊卧式巨型睡观音为罕见，殿廊彩绘观音故事壁画独具风格，引人入胜。

在古镇逛累了，可以去吃洛带人气最旺的**伤心凉粉**（宝箱四）。伤心凉粉用的是特制的红油，红红的小米椒剁碎了，堆在米皮凉粉的顶上，看上去既诱人也吓人。

洛带古镇有家卖伤心凉粉的老店，在一块竖着的木牌上刻着客家伤心粉的典故，大意是说离乡背井的客家人在吃饭的时候思念远方的亲人而倍感伤心。这种正儿八经的解释或许有些牵强，倒是坊间游客对"伤心"二字的解释更有趣，比如说吃凉粉辣到一把鼻涕一把泪，显得十分伤心；又比如周末或节假日因为大排长龙而等得伤心；还有来这之前已经吃了很多小吃，看到这里除了伤心凉粉外还有妈妈凉面、阿婆凉糕、阿公锅盔、开心冰粉、伤心凉面等十多种美味，而肚子的剩余容量已经严重不足，感到伤心……

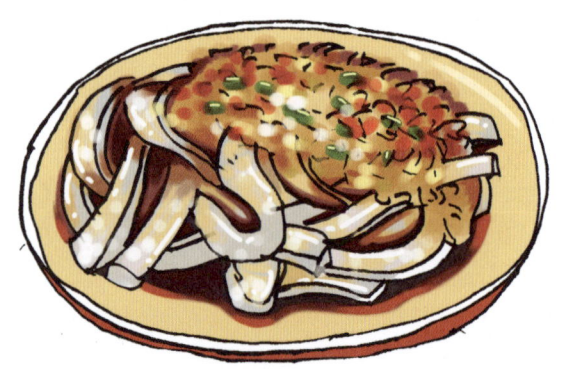

宝藏秘闻录

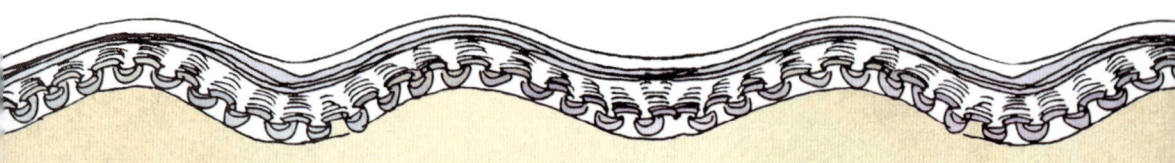

坐鸡公车的体验

在洛带古镇你会遇上几辆被装扮得花花绿绿的独轮车，前面通常放着个大熊猫或者机器猫模样的大娃娃，或者放只公鸡，这种独轮车有一个有趣的名字——鸡公车！

由于鸡公车是单轮着地，不需要选择路面的宽度，所以窄路、巷道、田埂、木桥都能通过，几乎与毛驴起同样的作用。鸡公车非常适用于山区生产运输，又由于是单轮，车子走过后地面上留下的痕迹是一条直线或曲线，所以又名"线车"。鸡公车以前在农村经常可以见到，相当于今天的私家车，做买卖、走亲戚时，将货物捆绑着放在鸡公车上，推着鸡公车就出发了。这样的工具，对于经常迁徙的客家人来说，更是方便。

现在鸡公车极其少见，倘若来到洛带古镇，不妨坐一次。

峨眉山—乐山大佛

成都周边风景优美、好玩有趣的地方数不胜数，如果你时间有限，只有两三天时间，首推乐山—峨眉山一线。首先，这两个景点开发得很成熟，交通方便；其次，乐山和峨眉山不但景色非常美丽，而且有深厚的人文底蕴；再者，去峨眉山你还能体验一些在其他地方体验不到的感受，比如看壮观的山顶日出、佛光和云海，比如借宿寺庙，比如被猴子拦路打劫食物……

这绝对是值得一探的路线。

峨眉山的大名，想必早已如雷贯耳。峨眉山是我国四大佛教名山之一，是世界文化与自然双重遗产。峨眉山海拔较高，景色非常立体丰富，它不但高，景区范围还特别大，如果你打算全程用双脚，玩下来至少得3天；如果走慢点，怕是要4天；就算是缆车加景区大巴，至少也要2天时间；倘若打算拿一天时间爬峨眉山，当天来回成都的话，只能"跑马观花"了。

峨眉山是佛教圣地，沿途寺庙众多，既可以供大家瞻仰朝圣，也可以为大家提供住宿。几乎所有的大小寺院都准备有客房，规模大点的寺院比那些小到只剩一个殿的寺院的住宿条件好得多。一般来说可以选择的寺院有：报国寺、清音阁、息心所、华严顶、洗象池、金顶卧云庵、仙峰寺和洪椿坪等。峨眉山寺庙住宿（宝箱一）是不接受预订的，如果你想住峨眉山寺院，最好及时落实好。

洗象池（宝箱二）建于清康熙年间，传说古时普贤菩萨骑象登山时，曾在寺内一石砌六方池中汲水洗象，因此得名。寺内古木参天，入夜时皓月当空，月光映入池中，水天一色，景色优美。"象池夜月"是这里的著名景色。这一带常有猴群出没，寺庙的屋顶上到处都可以看到猴子的身影，它们喜欢向游人伸手要食，呈现出一番人与动物和谐共处的景象。

灵猴（宝箱三）是峨眉山的一大特色。它们憨态可掬又极通人性，见人不惊、与人同乐，成为峨眉山的一道活景观，到峨眉山不见灵猴那绝对是一种遗憾，这道活景观除了在洗象池，还能在哪里看到呢？峨眉山生态猴区的猴子已经被游人们宠坏了，它们不怕人，喜欢向人讨食，亲近游人，十分调皮。在洪椿坪与仙峰寺这段路之间的树林也有不少猴子。峨眉山初殿附近有一座猴山。不过那里的猴子都比较野，不要随便招惹。

爬到峨眉山山顶，远远就能看到**普贤菩萨大金像**（宝箱四）的影子。普贤的造型通常是头戴宝冠、

身披法衣、手执如意、骑六牙白象。在峨眉山可以看到很多白象的雕塑和造型素材，就是这个缘故。

普贤菩萨是佛教中的四大菩萨之一，四大菩萨分别是：九华山的地藏菩萨、普陀山的观音菩萨、五台山的文殊菩萨、峨嵋山的普贤菩萨。这四大菩萨，象征四种理想的人格，即：悲、智、行、愿。象征"愿"的是地藏菩萨；象征"智"的是文殊菩萨；象征"悲"的是观音菩萨；普贤菩萨则是象征"行"。"普贤"是梵文的意译，意思是把佛教所推崇的善普及到一切地方。因为普贤菩萨表"大

行"，故又称"大行普贤"。在佛殿，文殊、普贤两位菩萨通常作为释迦牟尼的左右胁侍，合称"华严三圣"或"一佛二菩萨"。

峨眉山山顶可算得上是世界最壮丽的自然观景台，可观云海、日出、佛光、圣灯、金殿、金佛六大奇观。这里所说的"金殿"，是华藏寺（宝箱五）其中一殿，所处位置最高，与华藏寺合二为一，统称华藏寺，俗称金顶。华藏寺，始建于东汉，最盛时有大小寺庙及寮舍等共计500余间，可容千人同时进食，是全山最宏大的一处建筑群。1972年的一场大火将金顶、华藏寺全部烧毁。1986年开始重修。新建的华藏寺巍峨雄伟，富丽堂皇，雄峙于峨眉山之巅。

乐山大佛（宝箱六）离峨眉山仅一个多小时车程，它是世界上最大的石刻弥勒佛坐像，通高71米，脚面可围坐百人以上。站在大佛的脚下仰望佛像鼻尖时，扑面而来的渺小感一瞬间侵袭心扉，这是古人的强大力量带给后人的一种震撼，以及一种印刻在灵魂深处的对神灵的敬畏。

大佛为什么能够完好地保存到现在呢？为了使佛像不被雨水侵蚀，在大佛头部共18层的螺髻中，第4层、第9层、第18层各有一条横向排水沟，远望时看不出这一点。衣领和衣纹皱折也是排水沟，正胸有向左侧分解大佛上身表水的排水沟，与右腹部排水沟相连。两耳背后靠山崖处，有相通洞穴，胸部背侧两端各有一洞，互未凿通。这些神奇的水沟和洞穴，组成了科学的排水、隔湿和通风系统，千百年来保护着大佛，防止侵蚀性风化。

乐山大佛开凿的发起人是海通禅师。海通是贵州人，在乐山凌云山修行。凌云山下乃三江汇聚之处，每当汛期，山洪暴发，常发生船毁人亡农田被淹的事件。

为了减煞水势，永镇风涛，海通禅师立志开凿一尊大佛。开凿之日，地方官吏却趁机刁难，声称要收取建造和保护费，否则不让开工。海通禅师十分气愤，斩钉截铁地说："你们可以拿走我的眼珠，但不能拿走佛财！"地方官吏面带嘲弄的神色说："你要真给我们眼珠，我们就不要你的佛财！"海通禅师马上拿出尖刀，自剜其目，用盘接住，捧到官吏面前。地方官吏大吃一惊，吓得赶紧逃离现场。海通禅师忍住剧痛，继续领导工匠开凿佛像。海通和尚死后，他的徒弟领着工匠继续修造。经过前后90年的努力，乐山大佛终于耸立在岷江、大渡河、青衣江汇流之处。

当年海通为了建大佛剜去了一双眼睛，但他照亮了一个世界，矗立起一座信念的丰碑。站在大佛下，听着这个震撼人心的故事，不禁感慨这也许就是信仰的力量吧。每个人心中总要有一个令自己坚持的信仰，遇到那些阻拦前路的妖雾迷障时，才有消灭它们的勇气和力量。

探宝小贴士

1. 最佳季节：7—8月、11—12月为最佳旅游时间，此间山顶天气常晴朗。晴朗天气利于观看云海、日出、日落、佛光。

2. 山顶海拔高，无论什么季节气温都偏低，冬天更要注意保暖，雪后山路湿滑要小心。

3. 5—6月山下晴朗，山顶多雨，登山者应准备相应雨具，以轻便的塑料薄膜雨衣为佳。撑伞爬山不太方便。

4. 交通：成都到峨眉山开通了高铁，一个半小时就能到。峨眉火车站距离峨眉山风景区仅10千米，乘车约15分钟可到达。大巴也很方便。成都的新南门车站以及乐山中心站，平均每30分钟便有班车发往峨眉山，在这两座城市的旅客可以首选坐大巴前往。

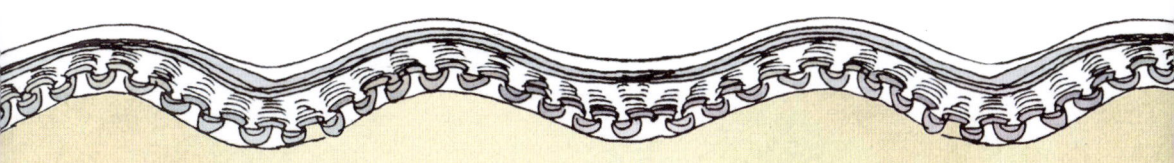

防猴攻略

峨眉山的猴子看上去很萌很可爱,但是出了名的嘴馋,喜欢抢游客的东西,所以去峨眉山要看猴,但更要防猴。

1. 首先要带根竹棍,峨眉山上到处有售卖,两三元钱一根,一方面爬山有棍子会轻松一点,最重要的是可以威慑猴子,它们不惹你就罢了,如果一旦有这个需要,你可以扬起竹棍吓猴子,它们会后退,但不要真的打到它们。

2. 手上不要拿着食物、饮料瓶,也别提塑料袋,猴子可能会冲过来抢走。最好把所有东西放在背包里,到没猴子的地方再取出来用。记着不要把饮料之类的食物放在书包外面的网袋里。

3. 不要当着猴子的面吃东西,免得它们到你嘴边抢食物。

4. 手里的东西最好一次喂完,不要逗弄它们。喂完食物,可以拍手示意,表示已经没有食物了,防止它们心生惦记。

5. 想给猴子照相,最好在游客多的地方,或者和管理人员或僧人在一起,避免发生猴子抢相机的事件。

6. 千万不要摸猴子的头,尤其是小猴子,否则后果嘛——如果看过峨眉山猴子猛揍游客的视频,你就绝对不会想当里面的主角的!

都江堰—青城山

都江堰建于公元前 256 年，建堰两千多年来经久不衰，而且发挥着愈来愈大的效益。它是让国人引以为傲的治水工程，也是世界唯一留存的无坝引水工程，以至于在余秋雨先生的笔下，它比万里长城更值得称颂。

都江堰主要由鱼嘴、飞沙堰、宝瓶口三大主体工程构成。三者有机配合，相互制约，协调运行，引水灌田，分洪减灾。都江堰建成后，成都平原沃野千里，"水旱从人，不知饥馑，时无荒年，谓之天府"。

安澜索桥，位于都江堰鱼嘴之上，横跨内外两江，历史比都江堰还要久远，被誉为中国古代五大桥梁之一，是都江堰最具特征的景观。此桥也被称为"夫妻桥"，每天无数的游人在此拍照留念。

走过安澜索桥，从鱼嘴到飞沙堰、宝瓶口、伏龙观……一处处景点游人如织，一个个典故娓娓道来。

从南门出景区，到达位于岷江内江上的 南桥（宝箱一）。南桥是都江堰市灌县古城内南街与复兴街之间的一座雄伟壮丽的廊式古桥。它不仅保持着古桥风貌，而且建筑艺术十分考究，难怪被誉为"最美廊桥"。南桥的两侧，有的人在唱歌，有的人在跳广场舞，还有的人在表演戏剧，既丰富了个人的业余生活，又为古城添加了几分喜庆。南桥下被誉为"山水入怀、生活道场"的 灌县古城（宝箱二），一侧是现代城市，一侧是千年古堰，景色奇秀。

青城山位于都江堰市西南，距都江堰市区仅 16 千米。青城山群峰环绕起伏，林木葱茏幽翠，有"青城天下幽"的美誉。

青城山分前、后山。前山是青城山风景名胜区的主体部分，景色优美，文物古迹众多，主要景点有建福宫、天然图画、天师洞、朝阳洞、祖师殿和上清宫等；后山很大，水秀，林幽，山雄，高不可攀。

上清宫(宝箱三)位于青城山第一峰的半坡上,距峰顶约500米。上清宫始建于晋代,现存庙宇是清朝时修建的。上清宫里保存有"天下第五名山""青城第一峰"等摩崖石刻,宫内祀奉道教始祖,有老子塑像和《道德经》五千言木刻,还有麻姑池、鸳鸯井等传说中的遗迹。上清宫内香火旺盛,不少信徒来此拜访道教诸位神仙。

老君阁（宝箱四）位于青城第一峰绝顶（即彭祖峰顶，或称高台山、老霄顶），海拔1260米。彭祖峰顶上原有"呼应亭"，取"登高一呼，众山皆应"之意，20世纪80年代末被改建为老君阁。在此眺望四周，天晴时可以远眺岷江和青城山等远近数百里风光秀色。登顶老君阁，放眼望去层层叠叠的色彩遍布山野，举起手机"咔嚓咔嚓"地留下眼前的美景，或上一炷香祈愿事事顺心。

老君阁的下山路，像是行走于古道一般，路上有几段比较陡峭险要的阶梯，经过近一个半小时的小心跋涉，穿过朝阳洞后，便来到青城山另一个极负盛名的地方——天师洞。

天师洞始建于隋朝，三面环山，一面临涧，古树参天。相传东汉末年张道陵曾在此讲经传道。观内正殿为三清殿，殿后有黄帝祠和天师洞等古迹。观内还有一座三皇殿，内有轩辕、伏羲、神农石像。现存的殿宇建于清末，规模宏伟，雕刻精细。道观内留存有不少珍贵文物和古树。成都有2000多棵银杏古树，其中最古老的便是青城山的天师银杏，树龄超1800年，古树腰身上的钟乳密集悬垂，形态如槌，如笋，如锥，似动非动，十分奇异。

神奇的都江堰

都江堰由战国时期著名的水利专家李冰修建。2000多年前,蜀郡守李冰因为岷江经常发生水涝灾害,想要修建都江堰工程,将岷江这个祸害变废为宝。那该怎么办呢?

首先,修建宝瓶口。

李冰带领大家,用人工开凿岩石的方法把玉垒山向西伸进岷江的这一块山尾巴拦腰截断,形成一个向东的分水口,也就是都江堰工程的第一部分——宝瓶口。宝瓶口很狭窄,起到闸门的作用,控制内江水量,保证丰水季节成都平原不至于被淹。

其次,修建鱼嘴。

由于宝瓶口上游的岷江东岸有山(玉垒山),地势东高西低,那么在枯水期,

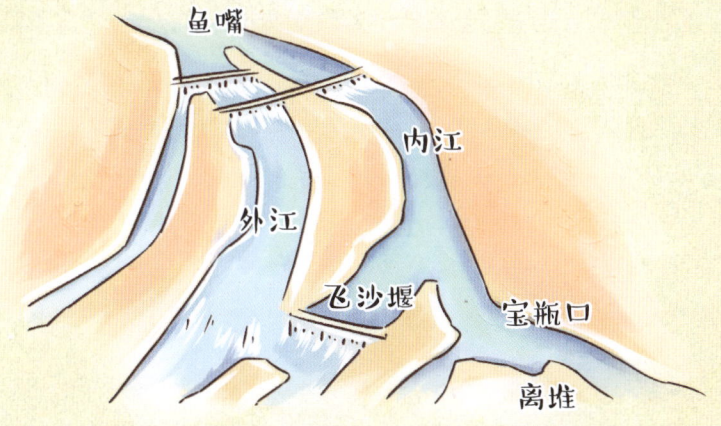

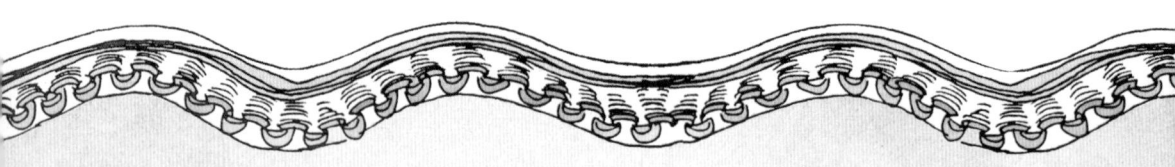

江水难以东流，成都平原得不到灌溉。怎么办呢？那就建设第二个工程，沿着留在江心的"离堆"，向上游方向修筑一条几百米长的大堤，这条大堤叫作"金刚堤"，金刚堤迎着上游江水的头部，叫作"鱼嘴"。从"鱼嘴"到"离堆"之间的金刚堤把岷江水进一步一分为二，西面原有的岷江河道叫作"外江"（金马河），东面的河道叫作"内江"。每年一到枯水期，李冰就组织工人掏挖内江，把它挖得比外江低，这样，就解决了枯水期江水不流入宝瓶口的问题。

然后，修建飞沙堰。

为了进一步控制流入宝瓶口的水量，防止灌溉区的水量忽大忽小、不能保持稳定，李冰又在鱼嘴分水堤的尾部靠近宝瓶口的地方，修建了分洪用的"飞沙堰"溢洪道。

在丰水期，内江的水位必然涨得很高，那么，高出来的水，会全都从飞沙堰漫过去，流回到原来的水道，也就是外江，这保证了丰水季节大水不至于淹了成都平原；另一个妙用在于，宝瓶口上游内江东岸是"S型"的，大水冲到这里时直接撞到半挡着的玉垒山体岩壁，会使江水翻滚，将下层泥沙翻上来，翻过飞沙堰，翻到外江里。据说水流的威力能让大石头都翻滚过去，这又解决了剩余泥沙的淤积问题。

2000多年来，都江堰一直发挥着防洪灌溉的作用，使成都平原成为水旱从人、沃野千里的天府之国。

广汉三星堆

三星堆遗址最早于 1929 年被发现,经过几十年的调查和发掘,考古学家们在 1986 年发现了两个祭祀坑,挖出几千件稀世珍宝,震惊全世界。这是一个不同于以往我们所知的任何中原文明,更迥异于世界上的其他文明。这些文物的造型神秘诡谲,大胆夸张,甚至颠覆了传统美术造型的概念。三星堆古遗址被称为 20 世纪人类最伟大的考古发现之一,昭示了长江流域与黄河流域一样,同属中华文明的母体,被誉为"长江文明之源"。

三星堆是古蜀国留给我们的灿烂文明。据推测,三星堆文明主体年代大约是在夏商时期,距今有 3000 多年的历史。三星堆出土的文物形象生动,造型独特,想象力丰富,让我们来看几件三星堆博物馆的镇馆之宝吧!

青铜神树

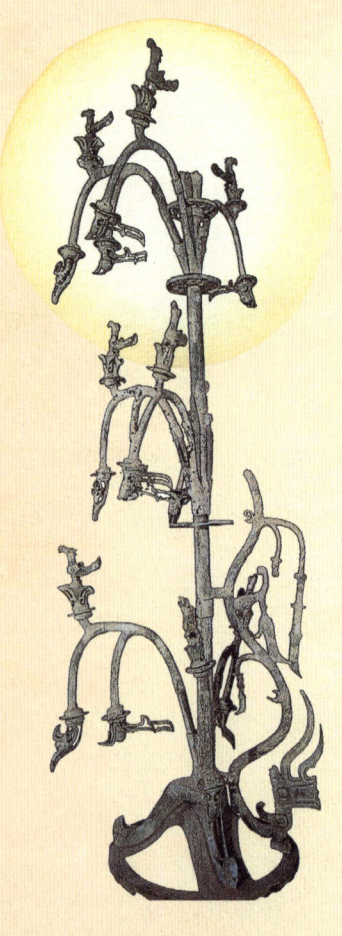

有学者认为，神话传说中的"扶桑树""建木"的造型及功能与三星堆的青铜神树（宝箱一）极其相似，扶桑是传说中十个太阳居住的神树，建木是沟通天地人神的桥梁。而"扶桑树""建木"

的原型很可能是上古时代的"社"树。后世的"社"等同于土地，作为国家的象征而存在，但上古时代的"社"却具有更为特殊的意义，人们在社坛上从事测天、求雨、祈农以及祭祀天地神灵等政治及宗教活动，这是一个

沟通天人的极其神圣的场所。"社"一般建立在坛上或者山丘之上，这样的坛就称为"社坛"。社坛的中心往往是一棵树，把人间与上天联系起来，从而使人得以与天帝、众神沟通。

青铜立人

青铜立人像（宝箱二）是在三星堆出土的重要文物之一。三星堆祭祀坑出土了数量巨大、种类繁多、诡秘怪异的各类文物，足以证明殷商中晚期至西周早期的古蜀国，正处于各种原始宗教观念杂存并茂的时代。近十几年来，史学家们通过研究三星堆出土的文物，已揭示出 3000 多年前古蜀先民群体中存在着对祖先蚕丛、鱼凫、杜宇的崇拜，也同时存在着对图腾自然物——蚕、鱼、凫、竹、太阳鸟、树、山的崇拜。

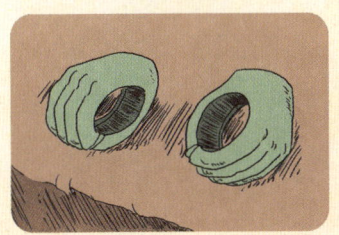

它们代表帝王或巫师，向臣民传达上天之意，窥天瞅地。

而在当时，巨大的环形双手可能是真实存在的。

巫师行巫术礼仪时，双手握着环状饰品，远远望去双环与双手浑然一体。

青铜鸟头

作为远古时代图腾遗存及自然崇拜、神灵崇拜、祖先崇拜之物，鸟与蜀族的关系极为密切。几代蜀王直接以鸟为名，就足以证明这一点。而三星堆文物中众多的鸟形器物及纹饰图案，是从考古发掘的角度提供的有力实证。

这个青铜鸟头（宝箱三）有着大而深的眼睛，粗壮下弯的钩喙，可能是神庙建筑上的装饰物。

它也可能安装于某物体上，起到仪仗的用途。青铜鸟头体型较大，还有人认为它是宗庙神器，其地位尊崇程度可见一斑。

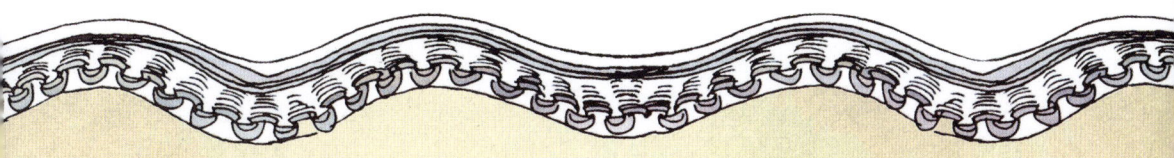

神秘的古蜀国

"蚕丛及鱼凫，开国何茫然！尔来四万八千岁，不与秦塞通人烟……"很多人知道古蜀国就是缘于李白的《蜀道难》。但三星堆文明发掘中，人们没有发现一丝关于古蜀国的文字记录，在正统的史书上也基本不会提到这个国家，传说中的古蜀国显得十分扑朔迷离。

那么，这个古蜀国到底是个什么样的国家呢？

相传，岷江上游的土著民族冉族和从西北地区迁徙过来的少数民族羌族，经过相当长时间的融合形成了新的民族——蜀山氏。相传蜀山氏有一位女子嫁给了黄帝，并为其生下一个儿子，叫蚕丛。没错，就是《蜀道难》里说的"蚕丛及鱼凫，开国何茫然"的蚕丛。蚕丛在蜀地建立了古蜀国，代代相传，总共存在了700多年。

蚕丛所在的部落位于蜀地的南部地区，这里的人们都擅水性，以打渔为生。其中有个中年人名叫杜宇，聪明又勇敢，深得渔民们的拥护，被称作"鱼凫"。杜宇带领大家推翻了当时首领的残暴统治，重新建立了一个部落，取名叫鱼凫氏王朝。

据考证，三星堆遗址所对应的时代极有可能为鱼凫氏王朝，是古蜀国持续时间最久、文明影响范围最广、文明程度最高的时代，也被称为古蜀国的青铜时代。

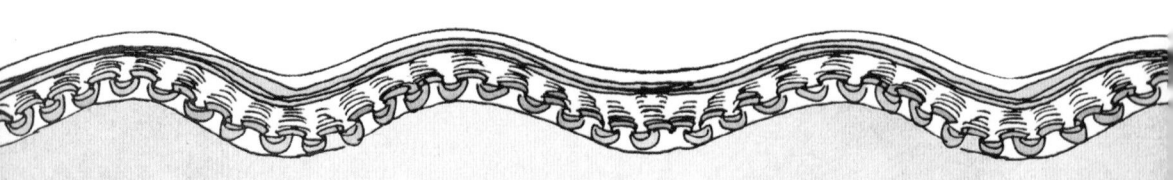

公元前1057年,鱼凫王杜宇参加了武王伐纣的战争,号称蜀。古蜀军队是伐纣联军中最具战斗力的队伍之一,是推翻暴君商纣王的重要力量。这是我们现在得知的蜀地与中原地区最早的交往历史。

到了战国时期,秦惠文王想完成秦国历代先祖的遗愿扩大地盘,因而需要充足的粮食。于是秦惠文王用计灭了古蜀,正是有了成都平原这个"粮仓",加上李冰父子的都江堰工程,为秦统一六国奠定了基础。

古蜀国灭亡后,秦国采取的一系列改造措施将古蜀文明逐步同化,汇入中华文明的大河之中。

金沙遗址

金沙遗址是公元前 12 世纪至公元前 7 世纪（距今约 3200 年—2600 年）长江上游古代文明中心——古蜀王国的都邑。金沙遗址是四川继三星堆之后又一个重大考古发现，被评选为"2001 年全国十大考古发现"。

金沙遗址陈列馆由五个展厅构成，最值得仔细看的是第四展厅"千载遗珍"，国宝级的文物**"太阳神鸟"金箔**（宝箱一）就在这里展出，其"四鸟绕日"金饰图案已成为中国文化遗产标志。

金沙遗址的发现，极大地拓展了古蜀文化的内涵与外延，复活了一段失落的历史，再现了古蜀国的辉煌。

黄龙溪古镇

黄龙溪古镇位于成都平原南部，距成都市区 40 千米，是历史悠久的川西水上古镇，距今有 1700 余年的历史。古镇内清代风格的街肆建筑仍然保存完好，青石板铺就的街面，木柱青瓦的楼阁房舍，镂刻精美的栏杆窗棂，无不给人以古朴宁静的感受。

黄龙溪古镇里有 6 棵树龄在 300 年以上的榕树（宝箱一），枝繁叶茂，遮天蔽日，给古镇增添了许多灵气。古镇内现保存有镇江寺、潮音寺和古龙寺三座古庙，每年农历六月初九和九月初九都会有热闹的庙会，再现昔日古镇的繁闹场面。

九寨沟

"九寨归来不看水",这句话是对九寨沟景色真实的诠释。泉、瀑、河、滩,108个海子,构成一个个五彩斑斓的瑶池玉盆,让九寨沟成为了美丽的童话世界。九寨沟里长海、剑岩、诺日朗、树正、扎如、黑海六大景观,呈"Y"字形分布。翠海、叠瀑、彩林、雪峰、藏情、蓝冰,被誉为"九寨沟六绝"(宝箱一)。九寨沟藏族古寨的藏族风情也为一大特色。

成都小吃

川厨大概是最擅于运用调料的人，仅凭借手中不多的几味调料，就能调制出几十种风味各异的味道。

据资料统计，四川的小吃目前有500多种，其中有名的就有200多种，绝大部分都能够在成都吃到。在成都小吃界里，还流传着让外国人闻风丧胆、思之极恐的一句话：曾扬言要在一年内吃遍中国的外国人，三年过去了还在成都！

兔头 —— 来啃兔脑壳

以前听新闻说,中国人一年大概要吃掉 5 亿个兔头,四川是兔头(宝箱一)的第一消费大省,至少吃掉 2—3 亿个,其中成都要占九成。据传,5 亿个兔头中有五分之一是进口的,成都人民可曾知道每吃 5 个兔头会有一个是"洋兔头"?

在成都,吃兔头专门的叫法为"啃","啃兔儿脑壳"在当地方言中也有亲嘴的意思,是一种令人乐趣多多的美食。

龙抄手和钟水饺——全国性小吃的四川变种

龙抄手和钟水饺（宝箱二）是全国性小吃的四川变种。

抄手，北方多称为馄饨，山东有的地方称馉饳，广东则称之为云吞。四川的红油抄手肉馅鲜美，配上喷香的红油，口感好到让人欲罢不能，是一道嗜辣者最不愿错过的美食。

馄饨原是民间用来祭祀的食品。在宋代，每逢冬至，市镇店肆停业，各家包馄饨祭祖，祭毕全家长幼分食祭品馄饨。富贵人家一盘祭祀馄饨，有十多种馅，谓之"百味馄饨"。

成都的钟水饺也是鼎鼎有名的。钟水饺始于清代，创始人钟少白。钟水饺与北方水饺的主要区别是全用猪肉馅，不加其他鲜菜，上桌时淋上特制的红油，微甜带咸，兼有辛辣，非

常好吃。如果你喜欢吃肉，去成都吃钟水饺一定会觉得物超所值，流连忘返！

蛋烘糕和蒸蒸糕

蛋烘糕和蒸蒸糕（宝箱三）是著名的成都小吃，通常由小商贩在街头推着小车出售。

蛋烘糕的做法为在蛋液中加入面粉等原料，使用特制的小锅煎成圆形，并在加入馅料后对折成半圆形。其馅料最初是土豆丝、凉拌三丝、烂肉豇豆或芝麻和白糖，后来逐渐增加果酱、肉松等。

蒸蒸糕以糯米为原料，以九比一的比例放在碓窝中捣成米粉，然后用箩筛筛出细粉，再把细粉炒熟。

20世纪成都的大街小巷，无论盛夏严冬，白天晚上，随处都能听到卖蒸蒸糕的梆梆声。卖蒸蒸糕的小贩常常挑一副担子，前面担着食具、木盒、米粉等原料，后头担着火炉、木炭、铁锅、蒸笼等。蒸蒸糕的蒸笼特别讲究，必须用麻柳树或泡桐树的木料挖制而成。树被砍后须晒干，据说在每年农历九月时做成的蒸具才耐用。这两种树的木质硬而韧性好，受热后蒸具不会变形也不会串味。

棒棒鸡——刀背打出来的美味

相传明清时期，在雅安的偏远山区，有人特好美食，经过长期的钻研和汤料搭配实践，烹制的鸡肉味道上佳，绝密高汤与红油飘香，让人垂涎欲滴！但当时生产力落后，鸡肉是一种奢侈享受，只在逢年过节才吃上一次，有人想出妙招，把整只鸡切成薄片，按片销售，销量出奇的好。一时间"鸡片"名声大噪！后人改用木棒敲打刀背，将鸡切成均匀薄片的同时，原汁高汤与红油更透彻地渗入鸡肉，滋味更佳！

木棒敲击刀背时，发出的声音随力量轻重而变化，抑扬顿挫，自成节奏，给人以乐曲般的感觉，这道美食故名为"棒棒鸡"（宝箱四）。

成都那些特色面——酷炫的名字与更炫的味道

成都人虽以大米为主食，但面食也做得非常棒，下面给大家介绍三种有名的成都特色面（宝箱五）。

担担面是四川民间极为普遍且颇具特殊风味的小吃。因常由小贩挑担叫卖而得名。此面色泽红亮，麻酱浓香，麻辣酸味突出，是川味面食中的佼佼者。其面条细滑，主要佐料有红辣椒油、芝麻酱、肉末、川冬菜、芽菜、花椒面、红酱油、蒜末、豌豆尖和葱花等。

担担面

宜宾燃面原名叙府燃面，旧称油条面，早在清朝光绪年间便开始有人经营，是宜宾传统的名小吃。燃面名称由来有一说：面干燥多油，挑起来可如火绳一般点燃。燃面松散红亮、香味扑鼻、辣麻相间、味美爽口，不愧为巴蜀一绝。

在成都，你随便走进哪家面馆，都能尝到地道的燃面，保证好吃得让你舌头打结。

鸡丝凉面是四川的传统小吃，历史悠久，在全省有很大的影响力，近年来已流传于全国各地。现在，成都的大街小巷上流行的凉面已经少有放鸡丝的习惯，大多简化为普通凉面了。四川的凉面在做法上与北方的凉面不同,其中一点就是不能过凉水,这样才能保持面的劲道和柔软。以前靠人扇扇子让面条加速降温,现在有了电扇,轻松了很多,但还是要由人在电扇下奋力拌匀抖散,以免粘在一起。面煮好后,将绿豆芽用开水烫熟,捞出晾凉后,放在盘底,再放上凉面,然后将鸡丝铺在面条上;碗中先将芝麻酱用凉开水调稀,再放入酱油、醋、蒜水、辣椒油、味精、白糖、花椒粉适量调匀,浇到面上,再撒下葱花,就可以上桌啦!

宝藏秘闻录

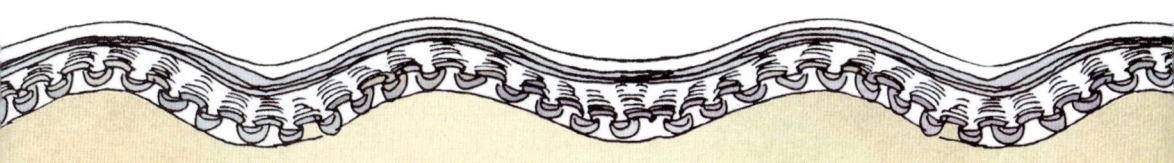

鬼饮食——成都的夜食文化

老成都话中所谓的鬼饮食，是指夜深人静，街上饮食店铺均已关门睡觉之后，尚散见于街头巷尾的小食摊、小吃担。在旧时代，成都及周边的许多名小吃，都是起早贪黑、走街串巷的小贩发明的，例如夫妻肺片、麻辣烫、赖汤圆、龙抄手、叶儿粑、莲子羹等。一挑担，一风灯，再吆起一吆喝，匆匆往来的"夜游神"们，不得不煞步，安抚一番蠢蠢欲动的口胃。

旧时的成都，那些拉车的、扛包的、做手艺活的劳动人民，到了晚上歇工之后，爱在街头巷尾找一小馆子，要上一两碟冷菜，多是花生米、豆腐干之类。要有余钱，也会奢侈一次，再切上一小盘猪尾巴或者猪拱嘴，外加二三两老白干，优哉游哉一夜。现在生活质量越来越好，昔日叫作"鬼饮食"的成都夜小吃，自然就更加红火。

过去，一个地道的成都人到了外地，最恼火的不是天气，不是水土，不是没有川菜，而是晚上九十点钟以后，基本找不到吃的。在以前，就算是北京上海这种大城市，除了那几个繁华去处，其余的地方都是冷冷清清的。不过现在各个城市有了很多吃夜宵的餐厅和大排档，成都人再到外地去，用不着馋得心慌慌地忍着睡觉了。是啊，对于天下第一好吃的成都人来说，夜晚就应该是满城生香，充满着快乐和诗意。

美味川菜

川菜是中国八大菜系之一，在烹饪界，有"食在四川"之说。川菜有50多种味型，如：麻辣味、红油味、怪味、醋椒味、甜酸味、香辣味和鱼香味等。据不完全统计，川菜的菜谱有1000多种，由筵席菜、大众便餐、家常菜、三蒸九扣菜、风味小吃五大类，组成一个完整的风味体系。其风味是清、醇、浓并重，并以善用麻、辣著称，对长江中上游和滇黔等地区有相当大的影响。

说到川菜，自然离不开辣椒。四川是盆地地形，气流不易流散，造成湿冷气候，而辣椒刚好可以化湿，所以自古以来生活在这片土地上的人养成了吃辣椒驱寒的习惯。辣椒在四川人心中的地位可是很高的哟！什么变态辣、魔鬼辣、超变态辣，压根不是事！

下面给大家介绍几道经典的川菜以及它们背后的故事。

毛血旺——节约是创造之源

据传几十年前一屠夫每天把卖肉剩下的杂碎以贱价处理。屠夫的媳妇张氏觉得可惜，于是当街摆起卖杂碎汤的小摊，用猪头肉、猪骨加豌豆熬成汤，加入猪肺、肥肠，放入老姜、花椒、料酒，用小火煨制，味道特别好。

在一个偶然机会，张氏在杂碎汤里直接放入鲜生猪血旺，发现血旺越煮越嫩，味道更鲜。这道菜是将生血旺现烫现吃，遂取名毛血旺（宝箱一）。

麻婆——让豆腐变美味的女人

故事发生在清朝末期，两个邻居一家是卖猪肉的，一家是卖豆腐的，卖猪肉的由于可怜卖豆腐的这一家人，就把每天卖不出去的蹄筋肉周济给他们。

由于蹄筋肉很硬，要先把肉剁碎才方便食用。当时没有绞肉机，卖豆腐一家的主妇温巧巧用坚硬的木头做成圆树墩状的菜板，把蹄筋肉放在上面，用大菜刀耐心地剁，十分钟后，就能剁成细小的碎肉。

豆腐形状乱七八糟的也不好看，她切成了小立方块，这样就看不出原来的形状了。然后加入自家特制的酱，将处理好的碎肉和豆腐煮上几个小时，因为蹄筋肉即使剁碎了仍然很硬。经过咕嘟咕嘟地慢炖，蹄筋肉会变软，还能炖出黏稠的美味胶脂。豆腐也有韧劲，很适合炖，而且吸入了肉汁，味道更好。

这是人们以前从未吃过但只要吃过一次就绝不会忘记的味道。温巧巧靠这个菜开了家餐馆，这菜又便宜又特别好吃，生意非常兴隆。因为温巧巧的脸上有麻子，所以后人就称她擅长的这道菜为"麻婆豆腐"（宝箱二）。

宫保鸡丁——太子老师的最爱

吃了说不定能变聪明!

宫保鸡丁（宝箱三）是四川的传统名菜，传说是清末时由太子少保丁宝桢的家厨创制而成的。据说丁宝桢一直保持简朴的生活习惯。有时他忙于公务回府晚，家厨摸准了大人的脾气，便在厨房内随手抓些现成的鸡丁、辣子及花生米之类的食材，热锅快炒后送上，甚得丁大人欢心。丁宝桢入川做官后，家厨也从山东随行而来，见天府花生不次于山东大花生，经与四川嗜辣的习俗相结合，并加以改进，稍加白糖，又增鲜味。丁大人对此举大加称赞，来丁府赴宴的官员及亲朋，也无不夸赞鸡丁别有风味，并戏称此菜为"宫保鸡丁"。

回锅肉——从"鬼"那儿回收来的美食

回锅肉（宝箱四）是一道传播极广的川菜，据传其来历和祖先祭鬼神有关。古时百姓祭鬼神，会从集市上买一块二刀肉，即半肥半瘦带皮的猪后腿肉，放在锅里不加调料，用白水煮到七八分熟，再放到祭台上祭祀。礼成，这块肉已经冷了，再放进锅里去煮显然会变得很不好吃，聪明的祖先就想出了用蒜苗或是红椒、大头菜丝将它切片回锅爆炒，肉片在爆炒之后呈半卷状，四周微卷，形似灯盏窝，片刻之后再下郫县豆瓣、甜面酱、红酱油、蒜苗，亮油后起锅。亮晶晶、油汪汪的肉片夹在蒜苗、红椒或大头菜丝之间，扑鼻的香味能让满院子的人都能闻到。

现在不需要再祭祀鬼神了，回锅肉这道菜却流传了下来，并且成为诸多川菜中最具人气的一道。

夫妻肺片——其实是夫妻"废"片

夫妻肺片（宝箱五）是川菜中有名的凉菜，通常以牛头皮、牛心、牛舌、牛肚、牛肉为料，里面并没有"肺"哟！20世纪30年代，郭朝华、张田正夫妻二人制售卤煮的牛杂碎和下脚料，给不富裕的人们食用，这道菜被称为夫妻"废"片，后来被改称为夫妻"肺"片。

原来没有肺啊！

鱼香——节约主妇的意外创作

相传很久以前在四川有户人家喜欢吃鱼，对调味也很讲究，他们在烧鱼的时候都要放一些葱、姜、蒜、酒、醋、酱油等去腥增味的调料。

有天这家的女主人在炒另一道菜的时候，为了不使配料浪费，把上次烧鱼时用剩的配料都放在这款菜中炒。

当时她还以为这款菜会不好吃，以至于当她老公迫不及待地问起此菜是用什么做的时，她支支吾吾结结巴巴，结果老公连连称赞特别好吃。

后来这个风味经过四川人若干年的改进，被列入四川菜谱，如鱼香猪肝、鱼香肉丝、鱼香茄子和鱼香三丝，受到欢迎而风靡全国。

四川火锅家族

成都，是一座有味道的城市，这个味道中就包括了火锅味。到成都旅游，必须体验一下成都火锅。据粗略统计，成都总共有 5000 多家火锅店，如果不知道选哪一家，走在成都街头看哪家火锅店前排队最长，就进那家准没错。

四川人对辣的喜爱造就了火锅，也造就了串串香、冷锅串串、冒菜和钵钵鸡等，在外地人看来都差不多，被统称为火锅。但你如果对四川人这么讲，他们可是会把白眼翻上天的！

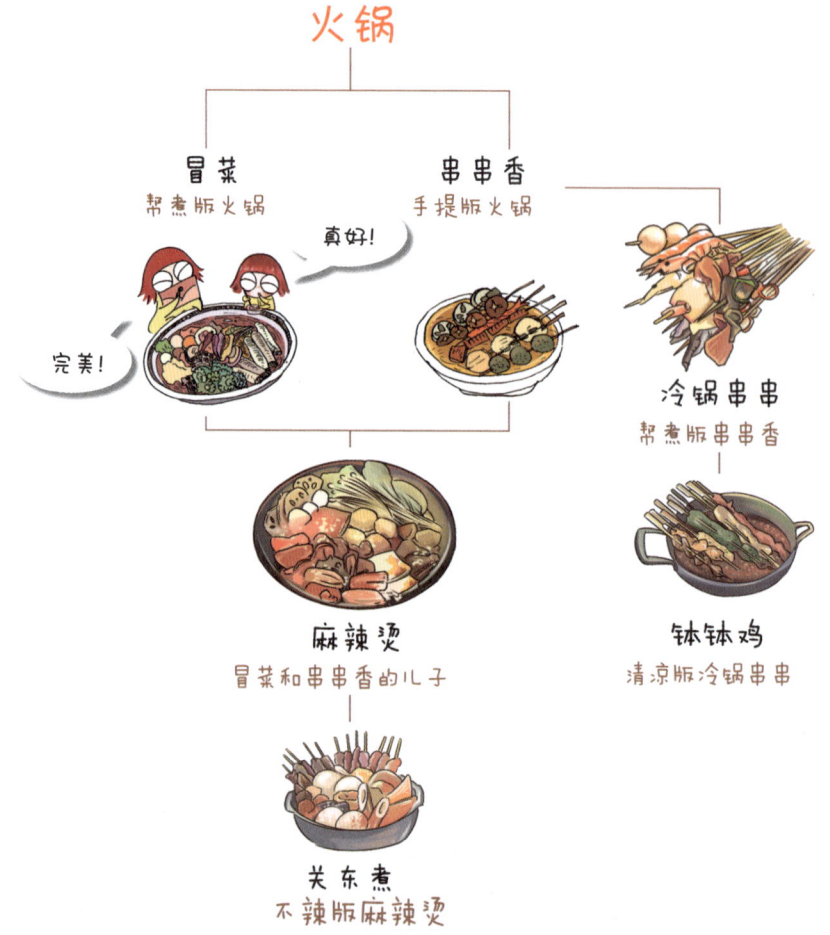

四川火锅——舌尖上的狂欢

　　四川火锅（宝箱一）用金属锅子为主，底料多为红油麻辣味，边吃边煮，用筷子夹菜自己在锅里涮烫。每位食客面前会有一小碟用香油及各类葱姜小菜兑成的蘸料，这可是有讲究的。涮烫好的菜，在入口前先在蘸料里过一次，可以有效地降温、下火、去辣。

四川火锅大约出现在清代。当时，长江船工们常需宿于江边，停船生火做饭驱寒，炊具仅一瓦罐，罐中盛汤，加以各种蔬菜，再添加辣椒、花椒，味道妙不可言，这种吃法在长江边各码头上迅速传开。后来有人一挑箩筐，一头放牛杂、小菜，另一头放一泥炉子，用一分了格的"大洋铁盆"内盛沸腾翻滚又麻又辣的卤汁，每天在河边、桥头或走街串巷地叫卖。船工干脆各认定一格，按照自己点的菜吃，这种既经济又方便的吃法吸引了更多的人参与。后来有人把它搬进了小饭店，这种小饭店越开越多，火锅日益兴盛。

冒菜——一个人的狂欢

在农贸市场上，在居民小区边，在街边小店里，常常会看到这样的情景：一口大汤锅放在炉子上，里面的汤料咕嘟咕嘟地冒着热气，几个装满了蔬菜、底尖口大的长把竹篓浸在锅里，一股浓郁的香味随风飘散，引得过往路人纷纷驻足。只需用手指点着菜架上的一筐筐蔬菜，摊主则把相应的蔬菜往竹篓里边装，直到装不下，才把竹篓放进沸汤锅里浸煮，其间还不时地将竹篓在汤汁里一提一放，一直到菜料"冒"熟时，才提起竹篓把菜料和一些汤汁倒进碗里或塑料袋里，任由食客当场食用或提回家享用。这就是川西最常见的市井美食——冒菜（宝箱二）。

所以冒菜是什么呢？它是热菜，想吃什么菜自己挑，别人现煮给你吃，配米饭，配干碟，可以一个人吃也可以一群人吃。顾客花费十几元便能尝火锅之味。冒菜就像是火锅的"体验版"。

串串香——撸串，数签签

串串香（宝箱三），简称串串，简单地说，就是把切好的小块食物用竹签串起来方便烫取的火锅，配干碟或者油碟，吃完按竹签数量结账。所以在串串店，你经常会听到一句极具四川特色的话"老板儿，数签签"。

串串香最早出现在20世纪80年代的成都，小摊贩们在热闹的场所摆个点，用竹签串上豆干、兔腰等，在卤锅中一涮，起锅蘸上麻辣调料卖给顾客。"好吃嘴"们边走边撸串，浓郁的香味引来更多食客，味好价美，串串香就这么流行起来了。发展到现在，边走边吃的串串香延伸出了更多品类，例如砂锅串串、卤油串串、油炸串串、干拌串串、冷锅串串等，成都的竹签美食，简直颠覆你的想象！

冷锅串串中，所谓的"冷锅"，只是指锅不加热，串串本身并不冷。厚陶瓷的锅壁和表面的油封层，可以起到很好的保温效果，既保证了不让食材冷掉，又保证了食物入口时是适宜温度，夏夜再配一瓶啤酒，可以撸串到深夜。

钵钵鸡——夏天也想吃串串

钵钵鸡（宝箱四），原本是农村里用加上了多种调料的去骨鸡片与红油拌和而成的，有皮脆肉嫩、麻辣鲜香、甜咸适中的特色。最早的"钵钵"是指红黄相间瓷质龙纹的瓦罐，不过现如今见到最多的则是以黄褐、青花为主的瓷器，有些为了能够放更多的食物，直接用不锈钢盆儿。

现在的钵钵鸡不止鸡片，还有郡肝、牛肉、木耳、藕片等多样菜品，口味方面新增了藤椒味、泡椒味等味型。食物煮熟之后，用竹签一串，晾冷，浸泡在装有麻辣调料的钵钵中，静待食物吸取汤汁的精华，再撒上洁白饱满的芝麻，鲜油淋漓，香辣风味极浓，看上去就让人直流口水。

夏天，配上一碗红糖冰粉或是几瓶啤酒，再舀上一碗鸡汤饭，鲜与甜中和了钵钵鸡的麻与辣，留下了舒爽的快感。钵钵鸡又被大众誉为冷版的麻辣烫，不用自己煮，冷菜，吃完数签签，要吃啥自己挑，特别适合夏秋的夜晚，配上冷饮或甜点，让你撸串撸到扶墙而出！

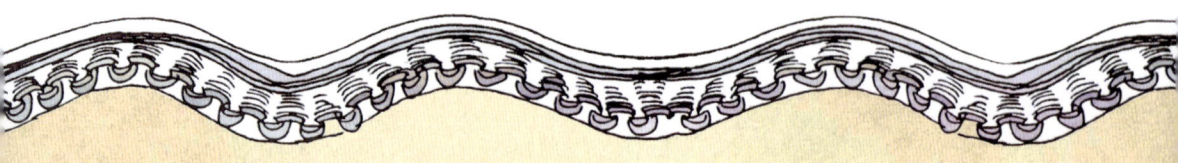

在成都涮火锅的小技巧

1. 如果你吃辣的能力一般,那么最好点鸳鸯锅,浓淡两相宜。

2. 吃火锅味道大,最好晚上去,反正第二天要换衣服。

3. 如吃辣的能力一般,那最好将吃火锅这件事放到旅行结束前,不然肚子可能遭不住,吃完拉肚子别怪我没提醒你哟!

4. 成都人吃火锅必点菜有鹅肠、毛肚、黄喉、丸子、五花肉,饮料是豆奶、啤酒。

5. 食用火锅时可以适当喝点酸奶,酸奶中含有一种被称为卵磷脂的特殊化学物质,能够在胃黏膜表面形成一个很厚的疏水层,用以抵抗辣椒等外来因子对胃黏膜的侵蚀,从而起到保护胃黏膜的作用。

6. 食用火锅时不要太心急,涮好的食物要先蘸冷的小料,不要吃太烫的食物。

7. 食用火锅后吃点水果,水果性凉,有良好的清火作用,适用于咽干、咽痛、口渴或发热等燥热之症。

湘辣和川辣的区别

合江亭和九眼桥

府河与南河交汇处耸立着一座朱柱碧瓦的连体双亭,这便是成都人非常熟悉的合江亭。据记载,合江亭于唐代贞元年间由西川节度使韦皋(杜甫的好友)所建,因地处当时繁华热闹的码头,始建之日起便成了人们的迎来送往之地,后经过几次荒废和修建,最后一次修建是在1989年。

不知从什么时候起,形成了在合江亭放河灯和孔明灯的传统。每逢中国传统节日,成都人会汇聚于此,让莲花灯满载心愿随水漂去,或让孔明灯带着祝福冉冉升空,形成河上灯火摇曳、空中灯火点点的美景。如果你够幸运,七夕节在此处可以看到漫天灯火,直到午夜还有点点灯火在那里飘荡。

合江亭以东是著名的九眼桥,九眼桥始建于明代,距今已有400多年的历史了。不过现在我们看到的是后来重建的桥体。九眼桥共有9洞,原名宏济桥,又名镇江桥,是锦江上最大的一座石拱桥。

如果你问成都人,几乎人人都知道九眼桥。九眼桥曾经是热闹的水码头,以前要从水路出成都下重庆,都得从这里搭船启程。从外地水路运来的货物,也得在这里上岸。现在九眼桥附近是酒吧一条街，还有许多地道的成都美味，是成都夜文化的标志，晚上河边一条街上灯火辉煌。

　　合江亭和九眼桥中间还有一座廊桥，名为 安顺廊桥（宝箱一）。这座桥留下过马可波罗的足迹，并成为他游历中印象最深的四座大桥之一。安顺廊桥全长 81 米宽 6 米，桥面通道及栏杆均由青石制成，桥栏上雕有梅、兰、竹、菊等代表中国传统民间文化的图案，桥墩上还卧有两头镇桥水兽。桥的两侧各有一座仿古牌坊，桥面和牌坊红墙青瓦，飞檐翘角，相得益彰，蔚为壮观。

图书在版编目(CIP)数据

天府之国的韶光:巴适成都/彭彭文;彭彭,燕十三图. —上海:上海科技教育出版社,2022.1
（探城寻宝记）
ISBN 978-7-5428-7596-9

Ⅰ.①天… Ⅱ.①彭… ②燕… Ⅲ.①成都—概况—少儿读物 Ⅳ.①K927.11-49

中国版本图书馆CIP数据核字（2021）第194030号

责任编辑 顾巧燕
装帧设计 李梦雪

探城寻宝记

天府之国的韶光——巴适成都

彭彭 文
彭彭 燕十三 图

出版发行		上海科技教育出版社有限公司
		（上海市闵行区号景路159弄A座8楼 邮政编码201101）
网	址	www.sste.com　www.ewen.co
经	销	各地新华书店
印	刷	苏州美柯乐制版印务有限责任公司
开	本	720×1000　1/16
印	张	7.25
版	次	2022年1月第1版
印	次	2022年1月第1次印刷
书	号	ISBN 978-7-5428-7596-9/G·4492
定	价	40.00元